Stoppt Transrapid

Ein Bericht von Eckart Kuhlwein

Verlag: tredition GmbH
Printed in Germany

tredition®

ISBN: 978-3-8495-7233-4

Inhaltsverzeichnis

Anhang:

Stoppt Transrapid

...und wie das gelungen ist.

Ein Bericht von Eckart Kuhlwein

Die falschen Propheten des Transrapid

> *„Die Akteure schließen sich zusammen und stabilisieren ihr technisches System durch Abkoppelung von der Wirklichkeit. Die Netzwerke sind einfach so stark, dass sie sich in den politischen Arenen durchsetzen können."*

Der Soziologe und Ökonom Franz Büllingen – zitiert nach
DIE ZEIT vom 17. Januar 1997

Er hat am Ende zum Glück nicht Recht behalten. Aber viele Jahre lang überboten sich die Propheten der neuen Technologie mit Lobpreisungen der „deutschen" Entwicklung. Wer das nicht mitspielen wollte, wie die Mehrheit der SPD, die GRÜNEN und die PDS, wurde als Technologie-Feind diffamiert. Erst waren Sie gegen die Atomenergie. Dann gegen die Gentechnik und jetzt auch noch gegen die Magnetschnellbahn, war der Tenor der Industrie-Lobbyisten und der Parteien der Kohl-Koalition.

Einige SPD-Größen ließen sich damit in die Ecke treiben und beurteilten wenigstens die Technik der MSB als „interessant" und manche machten sich sogar für die „erste Anwendungs- oder Referenzstrecke" Hamburg-Berlin stark. Da blieben Widersprüche in der Parteidiskussion nicht aus, auch wenn die Beschlüsse der Parteitage und der Bundestagsfraktion deutlich auf Rot standen.

Die Auguren sonnten sich in Selbstlob: In Deutschland möge man diese Bahn nicht unbedingt brauchen, aber er werde ein garantierter Exportschlager sein, die Amerikaner hätten Interesse, ebenso Araber, Koreaner, Australier und Chinesen. Niemand aber werde den Deutschen ein Produkt abkaufen, an das sie selbst nicht glaubten. Also müsse der Transrapid endlich zum Einsatz kommen.

In Zeitschriften erschienen schon im Mai 1983 wohlwollende Artikel, wie in der Illustrierten *Quick* (11. Mai 1983): „Ein deutscher Zug fährt allen davon“, lautete die Überschrift.

Als die Bundesregierung dann im Jahr 1992 die Entscheidung für die Strecke Hamburg-Berlin traf, ging sie von gewagten Prognosen aus: Im Zehn-Minuten-Takt sollten mehr als 40.000 Personen täglich, rund 14,5 Millionen im Jahr, von Metropole zu Metropole schweben. Geschätzte Kosten 8,9 Milliarden DM, 18.000 Arbeitsplätze in der Bauphase, 4.400 Dauerbeschäftigte wurden angekündigt.

Nicht alle glaubten an solche Prognosen. Und viele sagten voraus, dass sich die Bahn auf dieser Strecke nie rechnen würde. Aber die falschen Propheten ließen sich nicht bremsen. Hier einige Beispiele von bedeutsamen Persönlichkeiten der Zeitgeschichte:

Bundesverkehrsminister Matthias Wissmann beschwor die Innovationen und ihre wirtschaftspolitischen Vorteile in „ntv“ am 1. März 1994:

Matthias Wissmann, glühender Transrapid-Fan und heute oberster Autolobbyist.

„...Wir sind schließlich eine Industrienation, wir haben hier eine Verkehrstechnik, die ins 21. Jahrhundert reicht, eine, bei der wir fünf Jahre vor den Japanern liegen in der technischen Entwicklung. Eine, von der viele sagen, sie könnte eine ergänzende Technik sein für das nächste Jahrhundert im Anschluss an die Rad-Schiene-Technik. Wollen wir einen wissenschaftlichen Vorsprung dieser Art verspielen, oder wollen wir ihn nützen?...Letztlich geht es um die Frage: Sind wir als große Technologienation, von der unsere Arbeitsplätze abhängen, fähig, Industrie und Politik, Zukunftsentscheidungen durchzusetzen, oder sind wir ein Volk von Bedenkenträgern, das wegen seiner ständigen Tendenz, Entscheidungen zu verschieben, auch Arbeitsplätze gefährdet? ...

Träume 1994 auch im Kieler Landtag – und Warnung vor dem „Ausstieg aus der Zukunft"

Ottfried Hennig rügte die „Technikfeindlichkeit" der SPD in Kiel.

Auch die CDU-Politiker im Kieler Landtag schlossen sich nur zu gern den Argumenten ihrer Parteifreunde in Bonn an und übten heftige Kritik am „Ausstieg aus der Zukunft" der SPD-geführten Landesregierung unter Heide Simonis. Oppositionsführer Ottfried Hennig am 2. März 1994 in einer Aktuellen Stunde zum Thema Transrapid:

„Schleswig-Holsteins Sozialdemokraten verhalten sich wieder einmal wie ‚der Geist, der stets verneint': Gegen die Kernenergie (sic! - E.K.), gegen die Gentechnologie jetzt gegen den Transrapid. Wenn es um Zukunftstechnologien geht, fällt Ihnen nichts anders ein als ‚Nein'. Mit dieser Ausstiegspolitik - Ausstieg aus modernen Technologien, Ausstieg aus verantwortlichem Handeln! Ausstieg aus der Zukunft - gefährden Sie nicht nur den Wirtschaftsstandort Schleswig-Holstein sondern im aktuellen Fall auch den Standort Deutschland in dramatischer Weise."

Und der Kommentator Wolfgang Buhmann in den „Kieler Nachrichten" schlug in dieselbe Kerbe:

„Alle ernstzunehmenden Berechnungen sprechen dafür dass der Transrapid nicht nur in Deutschland eine sinnvolle, überdies kostengünstige und umweltverträgliche Ergänzung der beiden anderen Massentransportsysteme, Flugzeug und Bahn, darstellt. Daran wiederum knüpfen sich berechtigte Er-wartungen, diese Technologie als Exportschlager weltweit vermarkten zu können..."

Auch Hamburgs Umweltsenator sang das Lied der Konzerne (1994):

Der damalige Hamburger Umweltsenator Fritz Vahrenholt stimmte da im Juni 1994 in das Loblied ein (Bericht aus dem „Hamburger Abendblatt“, nachdem sich die SPD-Bürgerschaftsfraktion mit knapper Mehrheit gegen das Projekt entschieden hatte): „Argumente für die Magnetschwebebahn sind dennoch nicht wertlos. Sie werden jetzt den Senat in seiner Haltung pro Transrapid bestärken. Einer der wesentlichen Punkte ist dabei die Tatsache, dass die bestehende Schienenverbindung nach Berlin (eine komplett neue Schienentrasse ist nicht geplant) ohne die vom Transrapid zu übernehmende Personenbeförderung für den Güterverkehr nur sehr eingeschränkt zur Verfügung stünde. Eine Magnetbahn würde die Schienen für den Personennahverkehr und Güterverkehr freimachen:

Hans-Ulrich Klose glaubte am 2. März 1994 an den „Exportartikel“ Transrapid

"Wenn Hoffnungen auf einen internationalen Erfolg begründet sind, bin ich persönlich für das Projekt, sonst aus Kostengründen nicht". Innerhalb der SPD-Fraktion sei der Diskussionsprozess um das Thema Transrapid noch im Gange, betonte Klose... "Ich kann keine Politik in die Zukunft machen, wenn ich nur Bedenkenträgerei betreibe", sagte Klose. Ein Land wie die Bundesrepublik könne nicht mit "Besitzstandsmentalität" in die Zukunft gehen.

Die CDU im Kieler Landtag warnte auch 1996 noch vor einem „Ausstieg aus der Zukunft“

Aktuelle Stunde im Landtag 1996 nach „Flensborg Avis“
Die CDU kritisierte gestern in einer Aktuellen Stunde die „grundsätzliche Ablehnung von Zukunftstechnologien durch die Landesregierung“, wie Oppositionsführer Ottfried Hennig sagte. Die sachlichen Bedenken könnten „überhaupt nicht überzeugen“. Die SPD betreibe einen “Ausstieg aus der Zukunft“, der den Standort Schleswig-Holstein und Deutschland gefährde.

Hennig bewertete den Transrapid, für den gestern das Bundeskabinett „grünes Licht“ gab, als gute Alternative zu inländischen Kurzflugstrecken. Lärmentwicklung und Energieverbrauch seien beim Transrapid deutlich geringer als bei Bahn und Flugzeug. Die ablehnende Haltung der Landesregierung ist nach Einschätzung Hennigs »ein populistischer Kniefall« vor Grünen, Umweltverbänden und den Widerständen in der eigenen Partei.

Matthias Wissmann am 9. Mai 1996 im Bundestag: Auch Helmut Schmidt habe mit dem Vorwurf der „Technikfeindlichkeit“ den Transrapid angesprochen: „Haben wir die Kraft, einer großen neuen Technologie, die seit über 20 Jahren mit gewaltigen Anstrengungen von Ingenieuren, Forschern und auch Verantwortlichen früherer Bundesregierungen entwickelt wird, endlich zum Durchbruch zu verhelfen, oder wollen wir erneut vertagen, verschieben, verzögern?“

Und dann bei Welt-Online im März 1996 vor der Landtagswahl in Kiel: "Den Transrapid durchsetzen“.

Unabhängig von der politischen Entwicklung in Schleswig-Holstein nach der Landtagswahl am 24. März hält Bundesverkehrsminister Matthias Wissmann (CDU) am Fahrplan für den Transrapid zwischen Hamburg und Berlin fest... "Wir wären wirklich mit dem Klammerbeutel gepudert, wenn die große Industrienation Deutschland, die um Arbeitsplätze ringt, ein zukunftsträchtiges Technologieprojekt ins Museum fahren lassen würde. Ein Projekt, von dem sie weiß, dass es in der Bauphase 18 000 Arbeitsplätze sichert und Chancen eröffnet, den Transrapid auf dem Weltmarkt zu verkaufen."

Martin Kayenburg (CDU) wiederholte den Vorwurf im Landtag Schleswig-Holstein am 12. Juni 1996

„Wenn es nämlich noch eines Beweises für die Technologie- und Technikfeindlichkeit der Koalition bedurft hätte, wenn es noch eines Beweises dafür bedurft hätte, dass Sie eben keine Visionen haben und die Zukunftsfähigkeit aufs Spiel setzen wollen , und wenn es noch eines weiteren Beweises dafür bedurft hätte, dass Sie Infrastrukturprobleme nicht lösen können, dann muss der Antrag, den Sie gestellt haben, Herr Hentschel, wirklich den letzten Zweifler überzeugen..."

Martin Kayenburg (CDU-MdL in Kiel): Die GRÜNEN opfern die Umwelt!

..."Wir brauchen diese Referenzstrecke. Ich bin der Auffassung, dass Ihre bekannte Fortschritts- und Technologiefeindlichkeit hier nicht hätte unterstrichen werden müssen. Dass Sie allerdings die Umwelt auf dem Altar dieser Feindlichkeit opfern, ist mir unverständlich...

Noch einmal: Vorwurf der Technikfeindlichkeit im Bundestag im Juni 1996

Renate Blank (CDU/CSU): „Wenn Sie, meine Damen und Herren von der Opposition, die Worte High-Tech und Innovation hören, klappen bei Ihnen die Visiere runter, und die automatische Reaktion ist eine negative und technikfeindliche Haltung. Das ist bei Kernkraft und bei Gentechnik so und auch beim Thema Transrapid."

Horst Friedrich (FDP) führte am 30. Januar 1997 im Bundestag die Opposition vor:

„Es wäre eine Niederlage für den Standort Deutschland, wenn das System ins Ausland ginge. Unsere Nachfolgegenerationen würden es dann - wie bei vielen anderen in Deutschland verhinderten oder verschlafenen Technologien - später gegen teures Geld von dort kaufen müssen." Am 24. Juni 1998 machte er im Bundestag einen besonders intelligenten Zwischenruf: *„Wir gehen zurück zur Pferdekutsche!"*

Auch Wolfgang Gröbl von der CDU/CSU schwärmte von der Technologie.

Da entwickelten deutsche Ingenieure das modernste und beste Verkehrs-system weltweit, ein Verkehrssystem, das den Benutzern in Hamburg und Berlin einen konkreten Vorteil bringe, ein System, das modernste Arbeitsplätze schaffen könne, das Menschen die Erfüllung ihrer beruflichen Träume ermögliche, an einem interessanten Arbeitsplatz, nämlich bei der Entwicklung dieses Verkehrssystems, mitzuwirken, und das zur Entlastung der konkurrierenden Systeme Flugzeug und Auto beitrage. „Trotzdem finden wir bei den Grünen heute abweisende Anträge."

Im Juni 1998 - zum Ende der Regierungszeit von Helmut Kohl - war die Euphorie noch immer ungebremst

Die Koalition hatte immer noch nichts verstanden, das machte ein Entschließungsantrag deutlich, den sie am 24. Juni 1998 in der letzten Sitzungswoche der 13. Wahlperiode im Bundestag eingebracht hatte. Er trug auch die Unterschrift des damaligen Fraktionsvorsitzenden **Wolfgang Schäuble,** der als Bundesfinanzminister später froh sein musste, nicht auch noch dieses Risiko mitzutragen. Die Transrapid-Euphorie war trotz der tiefroten Prognosen im Sommer 1998 noch ungebremst:

„Die Entscheidung der Bundesregierung über den Bau der Transrapid-Strecke Hamburg - Berlin ist Ausdruck einer Politik, die Innovation fördert und durch Realisierung zukunftsweisender und umweltfreundlicher Verkehrstechnologien den Wirtschaftsstandort Deutschland sichert. Das neue Finanzierungs- und Managementkonzept im Rahmen einer Public-Private-Partnership ist beispielhaft für das Zusammenwirken von Wirtschaft und öffentlicher Hand.

Schröder 1998 in Rostock: Der Transrapid wird gebaut

AP meldete aus Rostock unter dem Datum des 21. Juni 1998: Der SPD-Kanzlerkandidat Gerhard Schröder hat Ostdeutschland nach einem Wahlsieg volle Unterstützung zugesagt und sich für den Bau des Transrapids stark gemacht...Die Magnetschwebebahn Transrapid zwischen Hamburg und Berlin sei ein „technologisch hochinteressantes Projekt", dessen Finanzierung jetzt offenbar geklärt sei, sagte Schröder.

„Ein Quantensprung der Verkehrstechnologie“

Wolfgang Clement, damals Ministerpräsident in Nordrhein-Westfalen nannte den Transrapid einen „Quantensprung der Verkehrstechnologie“. Aus seiner Staatskanzlei 1998: Nur wer eine Technologie im eigenen Land anwende und ihre Risiken beherrsche, der könne sie auch auf dem Weltmarkt verkaufen. Entwicklung und Bau des Transrapids würden weit über den Bereich der Fahrzeugtechnik ausstrahlen und Innovationen auch in der Werkstoff- und Bautechnik anstoßen.

Franz Müntefering blieb auch 1999 dabei

Dann wurde Franz Müntefering Bundesverkehrsminister und sagte am 25. Februar 1999 im Bundestag: „Zum Transrapid. Damit keine Missverständnisse entstehen: Ich arbeite unverändert daran, und ich bin willens und entschlossen, den Transrapid Berlin-Hamburg möglich zu machen. Ich bin fest davon überzeugt, dass dieses Projekt möglich und finanzierbar sein wird.“

Trotz alledem: Immer wieder Träume vom Transrapid

Nachdem im Januar 2000 die Strecke Hamburg-Berlin vom Bahnchef Hartmut Mehdorn und der rot-grünen Bundesregierung offiziell beerdigt worden war, gab es trotzdem immer wieder neue Träumereien vom Transrapid:

Am 18. Mai 2000 : Wiederbelebungsversuche im Bundestag

MdB Wolfgang Börnsen-Bönstrup (CDU/CSU): „Die Anwendungsstrecke Hamburg-Berlin wurde nach sechs Jahren Planung ausgesetzt und mit 350 Millionen DM Vorlaufkosten in den Sand gesetzt – eine fatale Entscheidung....Zwei Konsortien aus der Schweiz und aus den USA haben ernsthaftes Interesse am Bau dieser Strecke. Für sie ist die Strecke Hamburg-Berlin das Herzstück für ein europäisch aus gerichtetes Transrapid-Netz: Nach Westen mit Groningen und Amsterdam, nach Osten mit Warschau und Prag, nach Norden mit Kopenhagen und Malmö…“

Hans-Michael Goldmann (FDP) sah sogar ein „Kapitalverbrechen“: „Sie tun nichts für den Transrapid. Sie stellen keine Weichen. Sie gefährden diese Zukunftstechnologie in Deutschland. Das ist eigentlich ein Kapitalverbrechen an der Zukunftstechnologie in Deutschland.“

Der CDU-Verkehrspolitiker **Dirk Fischer** machte sich noch 2003 für eine Wiederaufnahme der Transrapid-Planungen stark:

Rechtzeitig zu Olympia: Aus dem „Hamburger Abendblatt“ Januar 2003:

Der Hamburger Dirk Fischer (CDU-MdB) rief am lautesten nach dem Transrapid.

Der Bau einer Transrapid-Strecke von Hamburg nach Berlin ist zurück auf der politischen Tagesordnung. Hamburgs CDU-Vorsitzender Dirk Fischer (59) zugleich verkehrspolitischer Sprecher der CDU-Bundestagsfraktion, will eine neue Initiative für die Trasse Hamburg-Berlin starten. „Ich will das Thema in naher Zukunft in den Bundestag einbringen“, sagte Fischer.

Fischer hält die Einweihung des Transrapid im Jahr 2010 oder 2011 für möglich. Rechtzeitig zu Olympia könnten die Fahrgäste in 53 Minuten von Berlin nach Hamburg reisen.

Nachdem in Schanghai die Flughafenstrecke eingeweiht worden war, stellten CDU/CSU 2003 noch einmal einen Antrag im Bundestag:

Aus dem Text: „Gerade die Eröffnungsfahrt des Transrapids in Shanghai zeigt, diese Technik „Made in Germany" ist die Verkehrstechnologie der Zukunft. Nach dem Stopp der nahezu baureifen Anwendungsstrecke Berlin–Hamburg durch die rot-grüne Bundesregierung im Jahre 2000 hat die Eröffnungsfahrt in Schanghai nun endlich auch die Bundesregierung von dieser Hochtechnologie überzeugt...Die Anwendung dieser innovativen Technologie dient dem Ansehen und der Sicherung des Industriestandortes Deutschland und ist deshalb ein wichtiges Zukunftsthema für unser Land und unsere Arbeitsplätze."

Aber Frust für die Kanzlerin in China

Bundeskanzlerin Angela Merkel hoffte in China noch immer auf den Auftrag für weitere Transrapid-Strecken. Ihre Angebote blieben ohne Resonanz.

Insgesamt 19 Wirtschaftsverträge wurden auf der Reise der Bundeskanzlerin Merkel (CDU) nach China 2006 geschlossen - doch für das Projekt der Verlängerung der Transrapid-Strecke von Shanghai in das 160 Kilometer entfernte Hangzhou gab es keine sichtliche Bewegung. Chinas Ministerpräsident Wen Jiabao sprach davon, dass die Strecke derzeit noch geprüft werde. Zumindest äußerte Merkel die Hoffnung, dass das Projekt in einigen Jahren zustande kommt. "Wenn ich in ein paar Jahren wiederkomme, fände ich es sehr schön, wenn ich mit dem Transrapid von Shanghai nach Hang-zhou fahren könnte", sagte die Kanzlerin.

Merkel: Transrapid „Stoibers letzter Schachzug“

Kanzlerin Angela Merkel hat zum Abschied Edmund Stoibers die politische Lebensleistung des bayerischen Ministerpräsidenten und CSU-Chefs gewürdigt...Beim CSU-Parteitag in München machte sie sich auch für die Transrapid-Strecke in München stark."Dein letzter Schachzug, lieber Edmund, das war der Transrapid." Sie bezog sich auf die weitgehende Einigung über die Finanzierung der umstrittenen Münchner Transrapid-Strecke vor wenigen Tagen. "Eine Technologie, die in einem Land erfunden wird, muss in dem Land auch angewendet werden“, sagte die Bundeskanzlerin.

Abschied auch im schwarz-gelben Koalitionsvertrag 2009

Als Angela Merkel im Herbst 2009 ihre „Wunschkoalition“ mit der FDP bilden konnte, war vom „Transrapid“ keine Rede mehr. Unter „Zukunftstechnologien“ fand sich der Transrapid nicht mehr ausdrücklich, es hieß nur: „Bei der Fahrzeugtechnologie und Elektromobilität wollen wir insbesondere alternative Antriebskonzepte im Interesse zukünftiger, umweltfreundlicher Verkehrskonzepte in den Mittelpunkt rücken.“ Auch im Kapitel Bahnpolitik gab es 2009 keinen Hinweis auf den Transrapid. CDU/CSU und FDP hatten sich offenbar nach dem Desaster in München jetzt endgültig vom Transrapid verabschiedet.

Die lange Geschichte des Phänomens Transrapid

In einer Zeit, in der die Fähigkeiten der Deutschen für technische Großprojekte in Zweifel gekommen sind, darf daran erinnert werden, dass auch in früheren Jahren nicht alles realisiert wurde, was sich Ingenieure, Großunternehmen und willfährige Politiker ausgedacht hatten. Großflughäfen, Großbahnhöfe, Groß-Kulturtempel scheitern schon mal – auch nach langjährigen Planungen. „Wutbürger" haben schon immer einmal nachhaltigen Protest artikuliert, Rechnungshöfe haben sich zahlenkundig eingemischt, Wissenschaftler haben Einspruch erhoben und am Ende hat sich gelegentlich die Vernunft durchgesetzt.

Ein gutes Beispiel dafür ist der „Transrapid" – jene Magnetschwebebahn oder Magnetschnellbahn, die mal Hamburg und Berlin, mal die Flughäfen Düsseldorf und Köln/Bonn, mal in einem „Großen C" Hamburg mit dem Ruhrgebiet bis nach Stuttgart und München, mal die bayerische Landeshauptstadt mit ihrem Flughafen verbinden sollte. Und die heute in Schanghai als 30 Kilometer lange Airport-Verbindung einen wenig nachgefragten Beweis für Deutschlands technologische Zukunftsfähigkeit bietet.

> Am 1. April des Jahres 2000 meldete Radio Schleswig-Holstein, dass der Transrapid nun doch gerettet sei. Er werde auf der Strecke Hamburg-Sylt gebaut. An den Kosten von 3,5 Milliarden Mark würden sich große Firmen aus dem Norden und die Sylter Gastronomie beteiligen.

In Deutschland war München die letzte Hoffnung gewesen. Doch auch auf der geplanten Münchner Strecke war die Schwebebahn nicht gewinnbringend einzusetzen. Die Kosten für den Münchner Transrapid wurden mit 1,85 Milliarden Euro veranschlagt. Verkehrswissenschaftler meinten 2007, das Geld wäre in Projekten, "die für die Volkswirtschaft einen höheren Nutzen bringen, deutlich besser angelegt." Der Soziologe Franz Büllingen stellte fest, der Transrapid käme nur einer "ganz kleine Gruppe zugute": Den wenigen Prozent Business-Reisenden, für die jede Minute zählt - nicht aber all den Fahrgästen, die in der Fläche wohnten.

Die Strecke in Schanghai hatte die Bundesregierung seinerzeit mit 200 Millionen Mark subventioniert. Um sie exportfähig zu machen. Aber die weitere Nachfrage – auch aus China blieb aus. Der Verkehrswissenschaftler Gottfried Ilgmann nannte die Schwebebahn "die schönste Erfindung, seit es Subventionen gibt".

DIE ZEIT kam 2012 zu der Bewertung, die Magnetschwebebahn sei einer der größten Irrtümer der deutschen Wirtschaftsgeschichte gewesen und darüber seien sich alle einig. Aber wo lag der Fehler? Wie kam es zu dem Hype, der viele Politiker, aber noch mehr Unternehmer zu dieser teuren Traumtänzerei veranlasst hat? Das Patent war von Hermann Kemper bereits 1934 angemeldet worden. So ganz „modern“, wie viele Lobbyisten dem staunenden Volk weismachen wollten, war die Technik also nicht. Aber ihre Wiederentdeckung traf in den 60er Jahren des vorigen Jahrhunderts offensichtlich auf Bedürfnisse.

Damals schafften die Eisenbahnzüge in Deutschland nicht einmal 150 Kilometer pro Stunde. Die Bahn von damals war langsam und laut. Wie anders der Transrapid: Elektromagneten in Wagen und Fahrweg halten den Zug in der Schwebe und treiben ihn vorwärts, 300, 400, vielleicht gar 500 Stundenkilometer schnell, ohne Rattern, ohne Wackeln. „Wer will da noch Eisenbahn fahren?“ schrieb die Hamburger Wochenzeitung.

Also eine faszinierende Idee? Viele deutsche Unternehmen interessierten sich für das Patent: Thyssen, Krauss-Maffei, Siemens, Brown Boveri, AEG-Telefunken tüftelten an der Magnetschwebebahn. Ein Industriekonsortium wurde gebildet. Das Forschungsministerium in Bonn unterstützte die Konzerne mit Steuergeld. Die späten siebziger, frühen achtziger Jahre waren die vielleicht schönste Zeit für eine Verbindung von Hamburg über das Ruhrgebiet und Frankfurt nach Stuttgart und München. »Fliegen auf Höhe Null«, lautete die Propaganda. In Zeitschrift en erscheinen wohlwollende Artikel, wie in der Illustrierten *Quick* vom 11. Mai 1983.

Als viele Experten in der Folge auf das in Deutschland auf den Fernstrecken gut ausgebaute Rad-Schiene-System und den ICE hinwiesen, fanden die Transrapid-Anhänger ein neues Argument: In Deutschland möge man diese Bahn nicht unbedingt brauchen, aber er werde ein garantierter Exportschlager sein, Die Amerikaner hätten Interesse, ebenso Araber, Koreaner, Australier und Chinesen. Niemand aber werde den Deutschen ein Produkt abkaufen, an das sie selbst nicht glauben. Also müsse der Transrapid endlich zum Einsatz kommen.

Die Patentschrift für Hermann Kemper für eine „Rohrbahn“ von 1934.

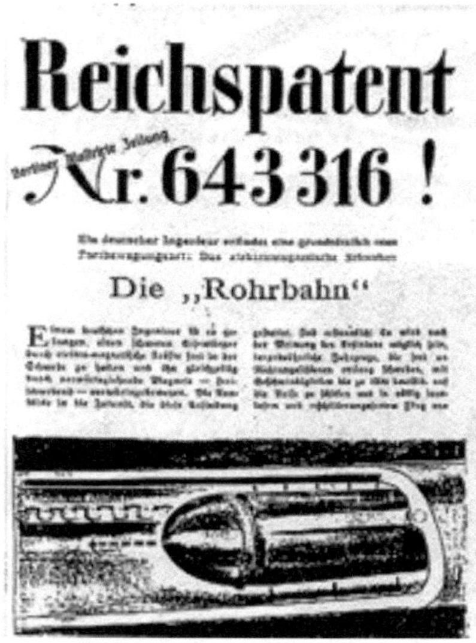

Reichspatent Nr. 643316 !

Die „Rohrbahn“

1990 schien die Gelegenheit günstig, eine erste „Anwendungsstrecke“ zu bauen und zu betreiben. Nach dem Fall der Mauer spitzte sich alles auf eine Verbindung zwischen Hamburg und Berlin, den beiden größten deutschen Städten zu. Hatte der CSU-Politiker Friedrich Zimmermann, Verkehrsminister von 1989 bis 1991, den Zug noch als „Wurm auf Stelzen“ verhöhnt, geriet sein Nachfolger Günther Krause (CDU), der

1993 wegen einiger Affären gehen musste, ins Schwärmen und sprach vom »flüsternden Pfeil«.

Die kritischen Einwendungen von Wissenschaftlern, vom Bundesrechnungshof und von Forschungsinstituten wurden beiseite gewischt. Die meisten Politiker – auch Helmut Kohl – wollten ein Symbol: Die Verbindung Hamburg-Berlin stehe für ein modernes, wiedervereinigtes Deutschland. Und die Planer gingen von gewaltigen Zahlen aus: Jährlich 14,5 Millionen Passagiere wurden erwartet, der Bau des Fahrweges werde „nur“ etwa fünf Milliarden DM kosten, kaum mehr, als eine neue ICE--Strecke zwischen den beiden Metropolen.

Was wollte Bundeskanzler Helmut Kohl wirklich?

In der Bundesregierung herrschte blanker Opportunismus. Im Transrapid-Kundenland China dachte Bundeskanzler Helmut Kohl lieber an den ICE und sagte nach einem Treffen mit Chinas Spitzenpolitikern in Bonn laut FAZ vom 5. Juli 1994: China biete hervorragende Anknüpfungspunkte für die deutsche Wirtschaft. So könne man nach der erfolgreichen Zusammenarbeit beim U-Bahn-Bau in Schanghai und Kanton jetzt eine Schnellbahntrasse zwischen Peking und Schanghai errichten. *Dafür biete der deutsche ICE die modernste Technik, sagte Kohl.*

Am 1. Februar 1996 teilte sogar BILD die Skepsis: Bei Transrapid drohen Mehrkosten in Milliardenhöhe - Bodenpreise und Einnahmen falsch kalkuliert

Bei der geplanten Magnetschwebebahn Transrapid zwischen Hamburg und Berlin drohen Mehrkosten in Milliardenhöhe. Die Zeitung berichtete am Donnerstag, die Kosten des Projekts seien zu niedrig kalkuliert und die zu erwartenden Einnahmen vom Bundesverkehrsministerium und den privaten Betreibern zu hoch veranschlagt worden. Dabei berief sich die Zeitung auf einen internen Prüfbericht des Bundesrechnungshofes an den Haushaltsausschuss des Bundestages.

Die Bodenpreise für den Bau der Transrapidtrasse in den Innenstädten von Berlin und Hamburg wurden demnach mit nur 100 Mark pro Quadratmeter viel zu niedrig kalkuliert. Allein dort drohten Kostensteigerungen um 50 bis 100 Prozent. Zudem sei bei der Berechnung der Kosten eine sieben Kilometer lange Trasse in die Berliner Innenstadt völlig vergessen worden. An den Kosten für den Bau der Trasse in Höhe von 5,6 Milliarden Mark ist der Bund nach bisheriger Planung mit 3,2 Milliarden Mark beteiligt.

Die Betreiber seien bei der Schätzung der Fahrgastzahlen von "unrealistischen Annahmen" ausgegangen, zitiert die Zeitung den Bericht des Bundesrechnungshofes. Zudem habe es bei der Berechnung der Fahrpreise "offensichtliche Fehler" gegeben. Die Rechnungsprüfer gehen laut "Bild" davon aus, dass es bei der Planung des Projekts schon jetzt ein Jahr Verzögerungen gibt. Allein dadurch seien Mehrkosten von 220 Millionen Mark zu befürchten.

Am 28.Februar 1996 wurde gemeldet: Die Bahn steigt trotzdem beim Transrapid ein

Die Deutsche Bahn AG (Berlin) steigt beim umstrittenen Transrapid-Projekt ein. Ein größeres Engagement macht der Aufsichtsrat aber von der Wirtschaftlichkeitsberechnung für die Magnetschnellbahn abhängig, die vom Jahr 2005 an zwischen Hamburg und Berlin im Zehn-Minuten-Takt verkehren soll. Das Aufsichtsgremium entschied am Mittwoch in Berlin, dass sich die Bahn AG am Kapital der Betriebsgesellschaft von einer Million DM mit 12,5 Prozent oder 125 000 DM beteiligen wird. Bahn-Vorstandschef Heinz Dürr sagte auf der Jahrespressekonferenz des Unternehmens, die Beteiligung könnte auf 300 Millionen DM erhöht werden. Dies wären dann 20 Prozent des künftigen Kapitals von 1,5 Milliarden DM der Betreibergesellschaft. Die Lufthansa könnte von den 300 Millionen eventuell 20 Millionen DM übernehmen.

Die Koalition blieb bei ihrer Entscheidung

Am 9. Mai 1996 verabschiedet die schwarz-gelbe Koalition trotz aller Warnungen das „Magnetschwebebahn-Bedarfsgesetz“. Im Paragrafen 1 heißt es: „Es besteht Bedarf für den Neubau einer Magnetstrecke von Berlin nach Hamburg über Schwerin.“

Aber dann folgte eine lange Geschichte von Irrungen und Wirrungen bis der Deutsche Bundestag am 5. Juli 2001 mit einer Mehrheit von SPD, Grünen und Linkspartei die Akten schloss und das „Magnetschwebebahnbedarfsgesetz“ beerdigte.

Die „Technologiefeinde“-Kampagne

Die Propheten des Transrapid hatten sich angewöhnt, alle Kritiker als “Technologiefeinde“ zu beschimpfen. Das war in den 90er Jahren ein schwerwiegender Vorwurf. Die Zukunft des Landes, Wachstum und Beschäftigung standen auf dem Spiel, wenn nicht alles gemacht wurde, was technisch möglich war. Es gab noch zu viele Apologeten der

Atomenergie und der „grünen Gentechnik“. Und nun wollten die „linken Spinner“ auch noch die modernste Bahn-Technik verweigern.

Horst Friedrich, einer der Verkehrspolitiker der FDP, am 30. Januar 1997 im Bundestag, nachdem neue und höhere Zahlen für die Kosten vorgelegt worden waren:

Warnung vor einer Niederlage für Deutschland: FDP-Verkehrspolitiker Horst Friedrich.

„Es wäre eine Niederlage für den Standort Deutschland, wenn das System ins Ausland ginge. Unsere Nachfolgegenerationen würden es dann - wie bei vielen anderen in Deutschland verhinderten oder verschlafenen Technologien - später gegen teures Geld von dort kaufen müssen. Es bleibt nur zu hoffen, dass sich Herr von Pierer und andere, die versammelte deutsche Industrie mit einer Bilanzsumme, die jenseits von 500 Milliarden DM liegt, tatsächlich auch einmal auf der Vorstandsetage über Thyssen hinaus mit dem Problem beschäftigen und dann tatsächlich vorlegen, was es bedeuten würde, diese Technik in Deutschland umzusetzen.“

Die PDS ist skeptisch im Bundestag am 30. Januar 1997 nachdem Verkehrsminister Wissmann im Verkehrsausschuss einen halben Rückzug hingelegt hatte.

Dagmar Enkelmann (PDS):
Passend zur Jahreszeit hat Verkehrsminister Wissmann kalte Füße bekommen. Dagegen helfen jedoch keine handgestrickten Socken mehr, leider auch keine roten. Was, Ihnen, Herr Minister, heute nur noch helfen kann, ist ein Blick auf Realitäten, auf Zahlen und Fakten, die inzwischen vorliegen. Da reicht im Grunde genommen schon das aus, was Sie in der Ausschusssitzung vorgetragen haben. Nehmen Sie endlich zur Kenntnis, dass die "„Technologiefeinde und

Bedenkenträger " – O -Ton Thyssen-Chef Vogel - zu Recht seit Jahren die Wirtschaftlichkeit des Projekts in Frage gestellt haben. Ich verhehle nicht: Ich empfinde eine gewisse Genugtuung, dass die
Ignoranz und Arroganz, mit denen Sie den Sachverständigen in den Anhörungen des Verkehrsausschusses zum Transrapid begegnet sind, auf Sie zurückfallen...

Die Realitäten anerkennen: PDS-Abgeordnete Dagmar Enkelmann.

Es war immerhin Ihr Sachverständiger Professor Rothengatter, der vor einem euphorischen Umgang mit den Bestfallanalysen gewarnt hat. Das haben Sie nicht zur Kenntnis genommen. Im Gegenteil: Sie haben seine Zahlen immer wieder missbraucht, um letzten Endes doch festzustellen, dass das Passagieraufkommen weitaus geringer sein wird. Es war schon abenteuerlich, zu erleben, wie Sie die Passagierzahlen schöngerechnet haben. .Es gab Reisende, die mal schnell von Berlin nach Hamburg in die Oper oder zur Reeperbahn fahren wollen. Es wurde von Reisenden gesprochen, die aus Rostock via Haltepunkt in der Nähe von Schwerin nach Berlin fahren wollen. Sie gingen von Tausenden aus, die von Rostock über Schwerin fahren wollen, von Leuten, die hochgradig zeitsensibel, aber wenig kostensensibel sind. .Es gibt eine Reisezeiteinsparung von zehn Minuten bei Reisekosten, die um mindestens ein Drittel höher liegen als jetzt.

Aus der Debatte vom 24. Juni 1998

Horst Friedrich (F.D.P.) provoziert mit einem besonders intelligenten Zwischenruf: „Wir gehen zurück zur Pferdekutsche!".

Gila Altmann (GRÜNE) nimmt Gerhard Schröder auf die Schippe, der im Bundestagswahlkampf Zusagen für den Transrapid gemacht hatte: „Liebe SPD, man kann ja darüber streiten, ob diese Technik faszinierend ist oder nicht. Das ist nicht der Punkt. Was wir brauchen, ist eine eindeutige Ablehnung dieses konkreten Projektes. Wir brauchen von euch dazu eine klare, verlässliche Aussage. Das muss auch – besonders jetzt nach der Kostenexplosion – euer Kanzlerkandidat begreifen.

Verlässlichkeit darf keine Einbahnstraße sein, auch nicht, wenn man Schröder heißt. Es kann nicht sein, dass eure bisher zu Recht kritische Haltung zu diesem Projekt durch euren Spitzenmann ad absurdum geführt wird, nur weil er vielleicht mal im Geschwindigkeitsrausch die Besinnung verloren hat. Und dann an die Bundesregierung: „Was passiert eigentlich, wenn die Strecke gebaut ist und die Betriebszulassung nicht erteilt wird? Als längste Skaterbahn ist sie meiner Ansicht nach zu teuer und zu hässlich; als Mahnmal sollten Kalkar und Mülheim-Kärlich reichen, nämlich als Mahnmal eines fehlgeleiteten Technikwahns."

Zwischenfrage des **Kollegen Jürgen Koppelin**, der gern gegenüber der SPD-geführten Landesregierung in Kiel mit kritischen Nachfragen gearbeitet hat:

> *„Sie haben eben gesagt: Das schaffen wir schon. Wollen Sie in diesem Zusammenhang die rotgrüne Landesregierung in Schleswig-Holstein als Beispiel nehmen, die bisher gegen den Transrapid war, deren Wirtschaftsminister, Herr Peer Steinbrück, aber vor kurzem erklärt hat, dass er für den Transrapid ist?"*

Eckart Kuhlwein (SPD) konterte auf Jürgen Koppelin::

> *Frau Kollegin Altmann, würden Sie zur Kenntnis nehmen - nachdem Sie mit der Zwischenfrage des Kollegen Koppelin nicht sehr viel anfangen konnten -, dass die Landesregierung von Schleswig-Holstein nach wie vor gegen die Transrapid-Strecke Hamburg-Berlin ist, und würden Sie auch zur Kenntnis nehmen, dass die angeblichen Äußerungen des Landeswirtschaftsministers Peer Steinbrück von Herrn Koppelin falsch zitiert worden sind?"*

Wolfgang Gröbl, CDU/CSU:

„Es geht nicht so sehr um die Frage unserer technologischen Leistungsfähigkeit als vielmehr um die Durchsetzungsfähigkeit dieser Technologie im eigenen Land, die hier auf dem Prüfstand steht. Heinz Dürr hatte als Chef der Deutschen Bahn klar erklärt: Der erste Kunde des Transrapid wird die Deutsche Bahn sein. Sie wird die Strecke Hamburg-Berlin betreiben und vermarkten."

Gröbl sah als potenziellen Kunden die USA. Bill Clinton setze auf die Magnetschwebebahntechnik. Im Transportation Equity Act seien für diese Technik eine Milliarde US-Dollar vorgesehen. Frau Molitoris, die Chefin der Federal Railroad Administration, habe dies erst kürzlich in einem Schreiben an eine deutsche Naturschützergruppe dargestellt.

„Lassen Sie uns heute mit einer breiten Mehrheit für den Transrapid Hamburg-Berlin stimmen. Interessant wird es natürlich, wie sich die SPD heute verhält. Die gesetzgebenden Grundlagen haben Sie ja alle im Bundestag und teilweise auch im Bundesrat abgelehnt. Einige von Ihnen erkennen allmählich, dass sie damit für Deutschland nur Schaden anrichten, und beginnen vorsichtig, in den Windschatten des Transrapid zu treten. Springen Sie also auf!"

Hamburg-Berlin sei für die Koalition die richtige Strecke. Sie sei nach intensiver Untersuchung ausgewählt worden. Das Raumordnungsverfahren sei abgeschlossen, und die Planfeststellungsverfahren seien eingeleitet. Die Industrie hat sich für diese Aufgabe neu organisiert. Siemens-Chef Dr. von Pierer sieht mit dem Transrapid die Frage nach der internationalen Wettbewerbsfähigkeit des Technologiestandortes Deutschland ganz eng verbunden.

Elke Ferner wollte sich nicht „Technologiefeindlichkeit“ vorwerfen lassen und betonte deshalb:

„Unsere Kritik richtet sich nicht gegen die Transrapid-Technologie. Sie richtet sich gegen die von der Bundesregierung ausgewählte Strecke und gegen das Finanzierungskonzept, das die Risiken voll auf die öffentliche Hand schiebt. Wir sind nach wie vor für eine deutlich kürzere Referenzstrecke, um die Chancen dieser Technologie auch nutzen zu können. Deshalb ist Ihre Behauptung, die SPD sei gegen die Magnetschwebebahntechnik, schlicht und einfach falsch.“

Nicht gegen die Technologie, sondern nur gegen die Strecke Hamburg-Berlin: Elke Ferner, Sprecherin der SPD für Verkehrspolitik.

Und sie nimmt Gerhard Schröder in Schutz:

„Auch Ihr Vorwurf, wir und unser Kanzlerkandidat seien in dieser Frage zerstritten, ist falsch. Gerhard Schröder hat Anfang Mai in Köln und auch am vergangenen Wochenende in Rostock nicht gesagt, die SPD wolle den Transrapid-Bau forcieren. Das ist nicht gesagt worden. Das ist durch nichts belegbar, und es ist vor allen Dingen auch nicht wörtlich zitiert worden. Im Gegensatz zu Ihnen haben wir nämlich nachgefragt, was gesagt worden ist, und wir haben erfahren, dass er sowohl in Rostock wie auch in Köln das gleiche gesagt hat. Er hat nämlich gesagt, die Frage der unzureichenden Klärung der Finanzierung und die Frage der extremen Haushalts-belastungen haben für uns immer im Vordergrund gestanden, was die ablehnende Haltung zur Strecke Hamburg-Berlin anbelangt. Er hat dann sowohl in Köln als auch in Rostock seine Erwartung ausgedrückt, dass diese zentrale Frage der Finanzierung gelöst scheine.“

Im Juni 1998 war die Euphorie noch immer ungebremst

Die Koalition hatte immer noch nichts verstanden, das machte ein Entschließungsantrag deutlich, den sie am 24. Juni 1998 in der letzten Sitzungswoche der 13. Wahlperiode im Bundestag eingebracht hat. Er trug auch die Unterschrift des damaligen Fraktionsvorsitzenden **Wolfgang Schäuble**, der froh sein musste, dass er später als Bundesfinanzminister nicht auch noch dieses Risiko mitzutragen hatte. Die Transrapid-Euphorie war trotz der roten Zahlen im Sommer 1998 noch ungebremst. **(1)**

Träume 1994 auch im Kieler Landtag – und Tadel für die „Zukunftsgegner" in der Landesregierung

Auch die CDU-Politiker im Kieler Landtag schlossen sich nur zu gern den Argumenten ihrer Parteifreunde in Bonn an und übten heftige Kritik am „Ausstieg aus der Zukunft" der SPD-geführten Landesregierung. Oppositionsführer Ottfried Hennig am 2. März 1994 in einer Aktuellen Stunde zum Thema Transrapid. **(2)**

Die „Kieler Nachrichten" berichteten und kommentierten im März 1994:

„Der Vorsitzende von Thyssen, Winfried Haastert, hält Gutachter-Bedenken an der Finanzierung des Transrapids für nicht stichhaltig: Für ihn ist der Wissenschaftliche Beirat beim Bundesminister für Verkehr schlicht der "Gralshüter der Eisenbahnschwelle".

Der Beirat hatte an dem jetzt beschlossenen Konzept zu hohe angenommene Passagierzahlen und zu niedrige Investitionskosten bemängelt. Haastert sagte, beides sei nicht durch die Industrie etwa „schöngerechnet" worden, sondern nach eindeutig definierten und seit Jahren bewährten Kriterien festgelegt worden."

Und der Kommentator Wolfgang Buhmann wusste genau Bescheid

„Alle ernstzunehmenden Berechnungen sprechen dafür dass der Transrapid nicht nur in Deutschland eine sinnvolle, überdies kostengünstige und umweltverträgliche Ergänzung der beiden anderen Massentransportsysteme, Flugzeug und Bahn, darstellt. Daran wiederum knüpfen sich berechtigte Erwartungen, diese Technologie als Exportschlager weltweit vermarkten zu können. Das sollte bedenken, wer gern das Argument der angeblichen Innovationsträgheit der deutschen Wirtschaft als Grund für den hiesigen Arbeitsplatzmangel bemüht. Und ob die "Stelzenbahn " nun das Landschaftsbild verschandelt, ist auch Sache des persönlichen Geschmacks. Ich, zum Beispiel, mag die Windmühlen, mit denen die Ost- wie die Westküste verstellt ist, überhaupt nicht.“

Auch Hamburgs Umweltsenator Fritz Vahrenholt war dafür – Juni 1994 – und bestärkte den Senat in seiner Haltung – zitiert nach dem „Hamburger Abendblatt“:

Umweltsenator Fritz Vahrenholt ist für eine Hochgeschwindigkeits-Verbindung zwischen Berlin und Hamburg. Auf der Klausurtagung der SPD-Bürgerschaftsfraktion am vergangenen Wochenende trat er mit Bürgermeister Henning Voscherau, Fraktionschef Günter Elste und Verkehrssenator Eugen Wagner für den Bau einer Transrapid-Strecke ein. Allerdings ohne Erfolg, die Fraktion lehnte den Bau mit 26 gegen 24 Stimmen ab. Vahrenholts Argumente für die Magnetschwebebahn sind dennoch nicht wertlos. Sie werden jetzt den Senat in seiner Haltung pro Transrapid bestärken. Einer der wesentlichen Punkte ist dabei die Tatsache, dass die bestehende Schienenverbindung nach Berlin (eine komplett neue Schienentrasse ist nicht geplant) ohne die vom Transrapid zu übernehmende Personenbeförderung für den Güterverkehr nur sehr eingeschränkt zur Verfügung stünde. Eine Magnetbahn würde die Schienen freimachen.

Vahrenholt meinte weiter:

Wollte „Nahverkehr“ zwischen Hamburg und Berlin: Umweltsenator Fritz Vahrenholt.

- Das Straßennetz Richtung Berlin/ Brandenburg/ Schwerin sei bereits überlastet.
- Die Ost-West-Verkehre würden weiter unverhältnismäßig wachsen.
- Mit Transrapid erhalte die Verbindung Hamburg – Berlin Nahverkehrsqualität.
- Der Flugverkehr werde weitgehend überflüssig.
- Beide Metropolen könnten besser voneinander profitieren.
- Transrapid mache im Vergleich zu Schienenfahrzeugen bei gleicher Geschwindigkeit weniger Lärm, im Stadtgebiet weniger als ein ICE.
- Der Energieverbrauch liege bei gleicher Geschwindigkeit um 30 Prozent niedriger, und
- Entlang der Autobahn würde nur wenig Landschaft zerschnitten, der Lärmpegel nur geringfügig erhöht.

Matthias Wissmann hielt am 1. März 1994 in „ntv“ den Transrapid *verkehrspolitisch* nicht für nötig: Nur industriepolitisch. Er kanzelte aber die „Bedenkenträger“ ab. Es gehe jetzt auch darum, ob wir in Deutschland noch fähig seien, große Zukunftstechnologien durchzusetzen oder ob wir sie nach und nach ins Museum fahren ließen mit dem Verlust an Arbeitsplätzen, an Ingenieurkapazität, an Innovationsgeist, an Forschungspotential. Industrie und Staat hätten fast 2,5 Milliarden D-Mark bisher in die Entwicklung des Transrapid gegeben. Wenn wir jetzt die Entscheidung, ihn auf der Strecke Hamburg-Berlin zu bauen, nicht träfen, dann hätten wir wieder mal 2,5 Milliarden D-Mark irgendwo im Sand verloren. **(3)**

Die CDU im Kieler Landtag betete auch 1996 die Argumente der Bundesregierung nach

Aktuelle Stunde im Landtag 1996 nach „Flensborg Avis“:

Die CDU kritisierte gestern in einer Aktuellen Stunde die »grundsätzliche Ablehnung von Zukunftstechnologjen durch die Landesregierung«, wie Oppositionsführer Ottfried Hennig sagte. Die sachlichen Bedenken könnten »überhaupt nicht überzeugen«. Die SPD betreibe einen „Ausstieg aus der Zukunft“, der den Standort Schleswig-Holstein und Deutschland gefährde.

Hennig bewertete den Transrapid, für den gestern das Bundeskabinett »grünes Licht« gab, als gute Alternative zu inländischen Kurzflugstrecken. Lärmentwicklung und Energieverbrauch seien beim Transrapid deutlich geringer als bei Bahn und Flugzeug. Die ablehnende Haltung der Landesregierung ist nach Einschätzung Hennigs »ein populistischer Kniefall« vor Grünen, Umweltverbänden und den Widerständen in der eigenen Partei.

Für die SPD und die Landesregierung wiesen der Abgeordnete Hermann Benker sowie Wirtschafts- und Verkehrsminister Peer Steinbrück die Angriffe Hennigs zurück. Beide betonten das "unsolide Finanzierungskonzept“ des Vorhabens wegen der überwiegenden Belastung des Bundeshaushalts und der zu geringen Risikobeteiligung der deutschen Industrie als wichtigsten Kritikpunkt. Zudem lasse sich die Transrapid-Strecke nicht in das vorhandene Verkehrskonzept integrieren und schade dem Konzept zum Ausbau des ICE auf der vorhandenen Bahnstrecke. Mit Nachdruck wies Steinbrück darauf hin, dass nur entweder die Transrapid- oder die Bahnstrecke ausgebaut werden könnte, nicht aber beide Trassen.

Der Haushaltsausschuss meldete Bedenken an

Vorlage des Rechnungsprüfungsausschusses an den Haushaltsausschuss **vom 28. Februar 1996**

"Der Ausschuss empfiehlt dem Haushaltsausschuss folgenden Beschluss zu fassen:
"Der Ausschuss nimmt den Bericht des Bundesrechnungshofes - HHA-Drs. 1459 - zustimmend zur Kenntnis.
Der Ausschuss erwartet, dass die beteiligten Bundesministerien alles unternehmen, um den Finanzierungsanteil des Bundes so gering wie möglich zu halten und die Interessen des Bundes entsprechend umzusetzen.
Die beteiligten Bundesministerien sollten zu diesem Zweck den Empfehlungen des Bundesrechnungshofes Rechnung tragen und insbesondere:

- die alleinige Verantwortung der Industrie für die Funktionsfähigkeit des Gesamtsystems in möglichen Verträgen verbindlich festschreiben,
- noch ausstehende Vorarbeiten definieren und Vorsorge für deren pünktliche Erledigung treffen - auch hinsichtlich des erforderlichen Probebetriebes auf der TVE-,
- eine Kosten-Nutzen-Analyse für die Magnetschwebebahnverbindung Berlin-Hamburg erstellen, einschließlich möglicherweise unwirtschaftlich werdender Rad-Schiene-Ausbaumaßnahmen und der durch den Bund letztendlich auszugleichenden Ergebnisbelastungen der DB AG,
- die Investitionssumme für den Fahrweg aktualisieren, den Umfang der bisher zum Fahrweg gerechneten System-Bestandteile neu überdenken und die geplante Abrechnung der Festpreise zu verbessern,

- realistische und aktuelle Prognosen des Fahrgastaufkommens erstellen zu lassen,
- Verschlechterungen von Haltepunkten und deren Anbindungen anden Zubringerverkehr entgegenwirken,
- dieZahlungendesvollen Nutzungsentgeltes absichern,
- sich von der Industrie vermeintliche Exporterfolge bereits jetzt überzeugend nachweisen lassen,
- im Falle einer Bauentscheidung zugunsten des TRANSRAPID aufeine pünktliche Inbetriebnahme hinwirken und
- unverzüglich prüfen, ob eine ausreichend ausgestattete Projekt- gruppe auf Ministerialebene effizient wäre, die dann zur Wahrung der Bundesinteressen sowie zur Risikominimierung und zur Kostenbegrenzung eingesetzt werden sollte.

Der Ausschuss behält sich vor, im Rahmen der künftigen Bereitstellung vonHaushaltsmitteln überdieweitereVerfahrensweise mitzubestimmen. Das Bundesministerium wird aufgefordert, bis zu den Haushaltsberatungen für 1997über dasVeranlasste und dasErgebnis der Prüfung zuberichten."

Wissmann bei „Welt-Online“ im März 1996
vor der Landtagswahl in Kiel:

"Den Transrapid durchsetzen“

Wissmanns Kampfansage an Schleswig-Holstein - Kritik an den Sozialdemokraten: „Unabhängig von der politischen Entwicklung in Schleswig-Holstein nach der Landtagswahl am 24. März hält Bundesverkehrsminister Matthias Wissmann (CDU) am Fahrplan für den Transrapid zwischen Hamburg und Berlin fest. Er wünsche sich natürlich keine rot-grüne Regierung in Kiel, sie würde das Projekt aber nicht aufhalten können, erklärte er im Gespräch mit der WELT.Zur Kooperationsbereitschaft der fünf Länder, über deren Gebiet der Transrapid fahren soll, sagte Wissmann : "Ich kann die Zusammenarbeit mit Hamburgs Bürgermeister Voscherau nur loben, reibungslos geht es mit Mecklenburg-Vorpommern, auch die Zusammenarbeit mit der SPD-Regierung Brandenburgs ist gut , Berlin arbeitet ebenso kooperativ mit." Der Bundesverkehrsminister setzte hinzu: "Nur die Landesregierung von Schleswig-Holstein verhält sich ablehnend und kontraproduktiv." Er habe aber keinen Zweifel, "dass wir in einem rechtsstaatlich einwandfreien Verfahren die Transrapid-Pläne in Schleswig-Holstein durchsetzen werden, auch wenn es Einwände gibt."

Wissmann fügte hinzu: "Wir wären wirklich mit dem Klammerbeutel gepudert, wenn die große Industrienation Deutschland, die um Arbeitsplätze ringt, ein zukunftsträchtiges Technologieprojekt ins Museum fahren lassen würde. Ein Projekt, von dem sie weiß, dass es in der Bauphase 18 000 Arbeitsplätze sichert und Chancen eröffnet, den Transrapid auf dem Weltmarkt zu verkaufen." Ständig beklagten Sozialdemokratien, der Bund würde viel zu hohe Summen in veraltete Technologie stecken. "Beim Transrapid geht es um Rahmenbedingungen für neue Entwicklungen. Daher bin ich betrübt und verärgert über die Art der Auseinandersetzung." Es sollte endlich wieder mehr Sachlichkeit in die Diskussion einkehren.

Auch müsse daran erinnert werden: "Der frühere Bundesverkehrsminister Georg Leber von der SPD hat das Projekt der Magnetschwebebahn auf den Weg gebracht, und dieser Sozialdemokrat sagt auch heute noch: Tut alles, um den Transrapid schnellstens zu verwirklichen." Es sei mit aller Deutlichkeit festzuhalten: "Die Magnetbahn ist kein parteipolitisches Vorhaben, sondern ein technologisches Zukunftsprojekt der Bundesrepublik Deutschland." Der Transrapid sei keine "verkehrspolitische Insel", denn Bahn AG und Lufthansa würden daran beteiligt. "Die Magnetschwebebahn wird Straßen- und Luftverkehr auf sich ziehen, regionale Flugverbindungen zwischen Hamburg und Berlin werden dann entbehrlich".

An allem schuld? Georg (Schorsch) Leber (SPD), Bundesverkehrsminister von 1966 bis 1972.

Wissmann am 9. Mai 1996 im Bundestag: Auch Helmut Schmidt habe mit dem Vorwurf der „Technikfeindlichkeit“ den Transrapid angesprochen:

„Haben wir die Kraft, einer großen neuen Technologie, die seit über 20 Jahren mit gewaltigen Anstrengungen von Ingenieuren, Forschern und auch Verantwortlichen früherer Bundesregierungen entwickelt wird, endlich zum Durchbruch zu verhelfen, oder wollen wir erneut vertagen, verschieben, verzögern?“

Wissmann beruft sich auf Helmut Schmidt, der gesagt habe, was in Deutschland nun wirklich nicht verständlich sei, sei jene Technikfeindlichkeit, die sich der wirklichen Entscheidung immer wieder verweigere. Da falle ihm der Satz des niedersächsischen Ministerpräsidenten Schröder ein, der vor kurzem einmal gesagt habe, die letzte Technologie, für die die SPD sich entschieden habe, sei die Einführung des Farbfernsehers gewesen.

Im Weltmarkt des 21. Jahrhunderts würden spurgebundene Verkehrssysteme eine große Renaissance erleben. Da im Jahr 2010 – so schätzten Kenner – allein zehn Prozent der Weltbevölkerung in den Metropolen leben und das Auto allein, so wichtig es bleibe, die Probleme der Mobilität nicht lösen könne, müssten wir im Nahverkehr und im Fernverkehr verschiedene Angebote haben, bei denen wir technisch besser sind als die anderen Nationen.

Noch einmal: Vorwurf der Technikfeindlichkeit im Bundestag Juni 1996

Renate Blank (CDU/CSU):„Der Transrapid ist als fünfter Verkehrsträger Bestandteil des ersten gesamtdeutschen Bundesverkehrswegeplanes. Damit wird seit 1993 die Bedeutung des Transrapid für den Wirtschaftsstandort Deutschland dokumentiert. Wenn Sie, meine Damen und Herren von der Opposition, die Worte High-Tech und Innovation hören, klappen bei Ihnen die Visiere runter, und die automatische Reaktion ist eine negative und technikfeindliche Haltung. Das ist bei Kernkraft und bei Gentechnik so und auch beim Thema Transrapid. Mit Ihrem gestrigen Antrag wollten Sie, meine Damen und

Herren von der SPD, nur Ihre Technikfeindlichkeit vertuschen."

Nachklapp aus der Opposition am 18. Mai 2000 im Bundestag

Die nach der Entscheidung von Bundesregierung und Deutscher Bahn im Januar 2000 verlorene Schlacht der Anhänger einer Strecke Hamburg-Berlin lässt die nunmehr Oppositionsabgeordneten nicht ruhen.

Der Verkehrspolitiker **Wolfgang Börnsen-Bönstrup** von der CDU am 18. Mai 2000: „Die Anwendungsstrecke Hamburg-Berlin wurde nach sechs Jahren Planung ausgesetzt und mit 350 Millionen DM Vorlaufkosten in den Sand gesetzt – eine fatale Entscheidung....Zwei Konsortien aus der Schweiz und aus den USA haben ernsthaftes Interesse am Bau dieser Strecke. Für sie ist die Strecke Hamburg-Berlin das Herzstück für ein europäisch ausgerichtetes Transrapid-Netz: nach Westen mit Groningen und Amsterdam, nach Osten mit Warschau und Prag, nach Norden mit Kopenhagen und Malmö... Nicht nur die Vorgänge in NRW haben gezeigt, dass eine Revitalisierung des Projektes realistisch ist...Noch gilt das Bedarfsgesetz. Noch sind alle Pläne vorhanden...Noch gibt es Ankaufinteressenten von China bis in die USA. Es gilt also, keine zehn Jahre zu warten, sondern die Chancen jetzt zu nutzen."

Sonst gute Freunde, aber nicht beim Transrapid: Eckart Kuhlwein, Wolfgang Börnsen (Mitte) und Evelin Fischer (SPD) im Bundestagskabarett „Wasserwerker".

Kurt Bodewig (SPD), Parl. Staatssekretär im Bundesverkehrsministerium: „Sie alle kennen das Ergebnis des Spitzengesprächs am 5. Februar in Frankfurt. Es war wichtig, eine gemeinsame Entscheidung über die Strecke Hamburg-Berlin zu treffen. Die Partner Bund, Deutsche Bahn AG und Industriekonsortium haben gemeinsam festgestellt – dieses „gemeinsam“ sollte Ihnen bewusst werden -, dass der Bau der Strecke für den Transrapid zwischen Berlin und Hamburg nicht realisiert wird.“

Nannte neue Projekte: Kurt Bodewig (SPD), Bundesverkehrsminister von 2000 bis 2002.

Aber: „Es besteht Einigkeit darüber, dass die Magnetschwebebahntechnologie für den Industriestandort Deutschland von so hervorragender Bedeutung ist, dass sie auch in Deutschland zur Anwendung kommen sollte.“

Bodewig nannte fünf angemeldete Projektvorschläge:

1. Eine Flughafenverbindung zum Hauptbahnhof in München
2. Lehrter Bahnhof Berlin und Flughafen Berlin-Brandenburg
3. Flughäfen Frankfurt/Main und Hahn (Hunsrück)
4. Hamburg-Leer-Groningen nach Amsterdam und NRW
5. Metrorapid Ruhrachse, Rheinachse und Bergische Achse.

Bodewig schließlich zum Kollegen Börnsen:
„Vor diesem Hintergrund kann ich Ihnen, Kollege Börnsen, und allen Antragstellern sagen: Das Aus für den Transrapid auf der Strecke Hamburg-Berlin bedeutet kein Aus für den Transrapid.“

Hans-Michael Goldmann (FDP) sah ein „Kapitalverbrechen“:

„Sie tun nichts für den Transrapid. Sie stellen keine Weichen. Sie gefährden diese Zukunftstechnologie in Deutschland. Das ist eigentlich ein Kapitalverbrechen an der Zukunftstechnologie in Deutschland.“

Albert Schmidt – GRÜNE:
„Diese Technologie wird keine Zukunft haben, wenn nicht auch die Industrie bereit ist, ihren Anteil am Risiko zu übernehmen. Das war das eigentliche Problem."

Winfried Wolf (PDS):
„Weshalb sollen den bisherigen 2,5 Milliarden DM Transrapid-Subventionen weitere Hunderte Millionen Mark hinzugefügt werden?"

Hermann Kues (CDU/CSU) will als Wahlkreisabgeordneter wenigstens die Teststrecke im Emsland erhalten:

„Wir fordern..., dass die Transrapid-Versuchsanlage Emsland...als Referenz- und Demonstrationsstrecke umgehend modernisiert und ausgebaut wird, damit für die attraktive und exportträchtige Magnetschwebebahntechnik weiterhin geworben werden kann. Das Schaufenster ‚Transrapid Emsland' muss unbedingt erhalten werden."

Reinhard Weis (SPD) demonstriert noch einmal den wahren Grund des Scheiterns der Strecke von Hamburg nach Berlin:

„Sinn Ihres Antrags ist einzig Ihr Vorurteil von der angeblichen Technikfeindlichkeit der rot-grünen Koalition zu pflegen...Warum nehmen Sie nicht wahr, dass es weit und breit keinen anderen Interessenten gab, der bereit war das Betriebsrisiko zu übernehmen? Das war so, weil niemand die Chance sah, den Transrapid zwischen Hamburg und Berlin mit Gewinn fahren zu lassen."

Auch die SPD war nicht immer konsequent

Allerdings meldete Klaus Daubertshäuser frühe Zweifel an

Meldete frühe Zweifel an: Klaus Daubertshäuser, SPD-MdB von 1976-.1994 und verkehrspolitischer Sprecher.

Die SPD-Fraktion veranstaltete im Mai 1992 ein eigenes Hearing zum Transrapid. Und der verkehrspolitische Sprecher **Klaus Daubertshäuser** nahm danach Stellung:

„Während im Bereich der Systemtechnik und des Umweltschutzes keine unüberwindbaren Probleme mehr gesehen werden, gibt es im verkehrswirtschaftlichen und finanziellen Bereich eine Reihe überaus kritischer Aspekte.

So betonten alle Experten, dass der Transrapid verkehrswirtschaftlich nur dann Sinn macht, wenn es gelingt, eine optimale Verknüpfung mit Bahn, ÖPNV und Individualverkehr in den Innenstädten herzustellen. Ob und zu welchen Kosten dies - insbesondere die Einführung in die Innenstädte - gelingen kann, ist zurzeit noch völlig offen. Auch die gelegentlich als Ausweg genannte Mitbenutzung von Bahngleisen im Stadtbereich - der sogenannte bivalente Fahrweg - bietet hier keine Lösung. Abgesehen von derzeit unüberwindbaren Sicherheitsproblemen wäre ein solches Verfahren bei den angestrebten kurzen Taktzeiten von Bahn und Transrapid auch von der Kapazitätsseite her sinnlos". **(4)**

„Keine Strecke zwischen Hamburg und Berlin im nächsten Jahrtausend"

Am 1. März 1994 verschärfte Klaus Daubertshäuser in einem Rundfunkinterview seine Argumente:
Der Transrapid sei eine technische Insellösung, das heißt, er sei

nicht kompatibel mit dem europäischen Rad-Schiene-Hochgeschwindigkeitsnetz, sei also auch nicht kompatibel mit den verkehrspolitischen Vorstellungen der anderen europäischen Nationen, übrigens auch mit denen Deutschlands nicht. In einer Zeit, in der eisernes Sparen angesagt sei, könne eigentlich kein Geld vorhanden sein für ein derartig risikobeladenes Finanzgeschäft. **(5)**

Verkehrspolitische Argumente in der SPD-Fraktion

Die SPD-Bundestagsfraktion konzentrierte ihren Widerstand schon früh auf verkehrspolitische und industriepolitische Argumente – und bevorzugte die Förderung des Konkurrenzprodukts ICE. In einem Antrag im Bundestag vom November 1995 hieß es u.a.:

Zur Erschließung langfristiger ·Marktchancen der Magnetschwebetechnik ist eine Erprobung unter Echt-Bedingungen im Dauerbetrieb sinnvoll. Die Größe der von der Bundesregierung geplanten Transrapidanwendungsstrecke zwischen Hamburg und Berlin ist jedoch industrie- und technologiepolitisch nicht notwendig. Als Demonstrationsstrecke ist deshalb eine deutlich kürzere Anwendungsstrecke zu wählen, die nicht in Konkurrenz zu einer ICE-Strecke steht. Darüber hinaus ist die Anwendungsmöglichkeit der Magnetschwebetechnik im Nah- oder Regionalverkehr zu prüfen.

Vorrangiges verkehrs- und industriepolitisches Ziel bleibt der Ausbau eines leistungsfähigen, voll kompatiblen gesamteuropäischen Hochgeschwindigkeits-Schienennetzes – unter Einschluss der Strecke Berlin-Hamburg – und ein verstärkter Einsatz des ICE in diesem Netz. Dazu gehören:

- die Weiterentwicklung der Rad/Schiene-Technik mit dem Ziel der Erschließung höchster Geschwindigkeiten,
- der Einsatz von Elektronik und neuester Technik zur Optimierung des Rad/Schiene-Systems,
- die Kompatibilität innerhalb des europäischen Netzes, u.a. bei Signal-Leitsystemen.

Ein sinnvolles, auch die Fragen der Finanzierung umfassendes, weltweites Vermarktungskonzept für den ICE, an dem die Bundesregierung gemeinsam mit der herstellenden Industrie und den Banken mitwirken muss, ist überfällig.

Und in der Begründung hieß es u.a.:

Verkehrspolitisch besteht für die Transrapidstrecke Hamburg-Berlin kein Bedarf. Er wäre auf Dauer im europäischen Hochgeschwindigkeitsnetz eine inkompatible Insellösung und deshalb ein Fremdkörper. Verkehrspolitisches Ziel ist, die Gesamtfahrzeit im System zu optimieren. Geschwindigkeitsmaximierung auf einer Einzelrelation schafft noch keine Umstiegsanreize, sondern erst dann, wenn Fahrzeitverkürzungen über die passenden Verknüpfungspunkte ins Netz getragen werden können. Zur effizienten Ausnutzung des Hochgeschwindigkeitsnetzes in allen europäischen Staaten gehört, dieses System auch für den Gütertransport nutzen zu können. Diese Möglichkeit scheidet beim Transrapid aus. Für die Deutsche Bahn AG wäre der Transrapid eine große Belastung.

Die deutsche Magnetschwebetechnik ist im internationalen Vergleich am weitesten fortgeschritten. F- und E-Arbeiten werden in Südkorea und in den USA vorgenommen. In Japan wird für die nächsten Jahre der Bau einer ca. 18 km langen Erprobungsstrecke geplant, auf der die technische Einsatzreife demonstriert werden soll. Um die Marktchancen der Magnetschwebetechnik mittel- bzw. langfristig auszuloten, wäre deshalb der Bau einer kurzen Anwendungsstrecke von Vorteil.

Das Finanzierungskonzept der Bundesregierung bürdet alle Risiken, die sich aus Abweichungen von den Planannahmen bezüglich Fahrwegkosten, Fahrgastzahlen oder Planungsverzögerungen ergeben, dem Steuerzahler bzw. der Deutschen Bahn AG auf. Dazu gehören auch die bisher nur unzureichend berücksichtigten Kosten der Einfädelung und Verknüpfung in die Städte.

Im Mai 1996 gab es ein neues SPD-Argumentationspapier:

Die Bundesregierung beabsichtigt eine 285 km lange Transrapid-Referenzstrecke zwischen Hamburg und Berlin zu bauen – parallel zur geplanten Schienenverbindung. Kosten mindestens 8,9 Mrd. DM, davon für den Fahrweg 5,6 Mrd. DM, für den Betrieb 3,3 Mrd. DM. Der Fahrweg wird vom Bund finanziert, der Betrieb von privaten Investoren (Industrie, Banken, Versicherungen) Die Bahn soll sich mit 300 Mio. beteiligen. Sie muss sich verpflichten, ihr Angebot auf dieser Strecke um alle IC- oder ICE-Verbindungen zu kürzen und auf eine Interregio-Verbindung zu reduzieren. In zwei Anhörungen des Deutschen Bundestages wurden die Berechnungsgrundlagen und damit die Wirtschaftlichkeit des Transrapid-Projekts angezweifelt. Die Fahrgastprognosen sind überzogen, Teile der Kosten u. a. für zusätzliche Haltepunkte nicht einbezogen. Die massivste Kritik kommt vom Bundesrechnungshof, der die haushaltspolitischen Risiken des Bundes bemängelte.

Die Haltung der SPD-Fraktion ist klar

Die SPD hält die geplante Referenzstrecke für völlig überdimensioniert: verkehrspolitisch falsch, technologie- und exportpolitisch unsinnig und für den Steuerzahler mit unabsehbare Risiken behaftet. Die SPD fordert deshalb, zur Erschließung langfristiger Marktchancen der Magnetschwebetechnik und zur Demonstration ihrer Systemvorteile eine kurze Referenzstrecke auszuwählen,die nicht in Konkurrenz zu einer ICE-Strecke steht, z.B. eine Flughafenanbindung. **(6)**.

Trotzdem: Immer eine „interessante Technologie“

Viele Jahre lang war die SPD in der Frage einer Anwendungsstrecke für den Transrapid unentschlossen. Das betraf sowohl die Führung von Scharping über Lafontaine bis zu Gerhard Schröder, als auch die Experten in der Bundestagsfraktion. Auch der SPD-Landesverband in Schleswig-Holstein suchte noch seinen Weg - Argumente dafür und dagegen. In der Fraktion hatten die Forschungspolitiker – darunter **Edelgard Bulmahn** und **Wolf-Michael Catenhusen** – die neue Technologie positiv bewertet und begleitet. Schließlich stammte das Projekt noch aus sozialliberalen Regierungszeiten. Als es dann allerdings Anfang der 90er Jahre konkret wurde, wuchs auch bei ihnen die Skepsis. Der technologische Appeal stieß auf verkehrs- und finanzpolitische Argumente. **Elke Ferner** hat als verkehrspolitische Sprecherin viele Gratwanderungen mitmachen müssen, zumal Forschungssprecher **Josef Vosen** aus seiner Begeisterung für den Transrapid keinen Hehl machte.

Die Skepsis nahm zu: Forschungspolitikerin Edelgard Bulmahn (SPD), von 1998 bis 2005 Bundesministerin für Bildung und Forschung.

„Kein Beitrag zu einem modernen Verkehrssystem“: Forschungsexperte Wolf-Michael Catenhusen

Aber frühzeitig untersuchten auch die Forschungspolitiker das Projekt. Und die Parteilinken **Bulmahn** und **Catenhusen** taten sich mit einer kritischen Einschätzung zusammen, die viele Jahre lang die Orientierung der Bundestagsfraktion in Sachen Transrapid bestimmte. Sie erklärten am 11. Mai 1993 die „Endstation für den Transrapid“.

„Eine Forschungspolitik, die dem Schutz der Umwelt und der Lösung ökologischer Probleme verpflichtet sein will, muss auch Beiträge zu einem modernen, ökologisch verträglichen Verkehrssystem liefern. Seit langem schon ist die Frage umstritten, ob zu einem solchen Verkehrssystem der Zukunft auch die Magnetschwebetechnik gehört und wie die Politik weiter mit dem Projekt Transrapid umgehen soll...

Keines der von Thyssen, Siemens und Daimler-Benz/AEG am 1. April vorgelegten Finanzierungskonzepte für eine Transrapid- Anwendungsstrecke Harnburg- Berlin gehe von einer rein privatwirtschaftlichen Finanzierung aus. Das Konzept der Bundesregierung sei gescheitert. Den Finanzierungsmodellen lägen unrealistische Annahmen zugrunde. Das gelte sowohl für das angenommene Fahrgastaufkommen als auch für die Kosten der Fahrwegerstellung. Der Transrapid werde in Deutschland und in Europa nicht gebraucht.

Fazit: Die Aufnahme einer Transrapid-Referenzstrecke in den Bundesverkehrswegeplan ist politisch nicht zu verantworten

Der Transrapid ist keine Antwort auf die Verkehrsprobleme Mitteleuropas. Seine Stärken können bei einem Einsatz in Deutschland nicht zum Tragen kommen. Eine für Exportaussichten erforderliche Referenzstrecke mag technisch realisierbar sein, aber der Wille zur privaten Finanzierung ist offenkundig nicht vorhanden. In dieser Situation muss die Politik ihre Präferenzen auf die Sanierung und Stärkung der Bahn setzen. Eine Aufnahme des Transrapid in den Bundesverkehrswegeplan und eine (teil-)öffentliche Finanzierung sind unter diesen Bedingungen nicht zu verantworten.“ **(7)**

Sorge vor dem Vorwurf der „Technologiefeindlichkeit“

Das größte Problem war die Sorge vor dem Vorwurf der „Technologiefeindlichkeit“. Wie sollte Deutschland in den beschäftigungspolitisch schwierigen 90er Jahren wettbewerbsfähig bleiben, wenn solch spektakuläre Innovationen nicht genutzt und exportfähig gemacht würden?

Elke Ferner bezweifelte den Bedarf

Elke Ferner am 26. Januar 1995, nachdem das DIW (Deutsches Institut für Wirtschaftsforschung) eine kritische Stellungnahme abgegeben hatte:
„Die äußerst kritischen Feststellungen des DIW zu den problematischen Subventionen der Transrapid-Referenzstrecke Hamburg-Berlin machen folgendes deutlich:

1. Es hat nichts mit Technologiefeindlichkeit zu tun, wenn verkehrs-, haushalts- und industriepolitische Überlegungen zu dem Schluss führen, dass ein bestimmtes Projekt finanziell nicht zu verantworten ist.
2. Das DIW ist mit seinen Untersuchungen über die finanziellen Risiken des Transrapid für die öffentliche Hand zu den gleichen Ergebnissen gekommen wie die SPD-Bundestagsfraktion im Frühjahr 1994: verkehrspolitisch überflüssig, haushaltspolitisch risikoreich, industriepolitisch illusionär.
3. Es hat etwas mit sinnvoller und verantwortlicher Verkehrspolitik zu tun, wenn die SPD daran festhält, dass es vorrangiges Ziel ist, in Europa ein leistungsfähiges, voll kompatibles, gesamteuropäisches Schienennetz zu schaffen. Für Insellösungen wie den Transrapid gibt es keinen Bedarf; wenn sie trotzdem gebaut werden sollte, muss die private Finanzierung für diese Investitionen sichergestellt sein. **(8)**

Hans-Ulrich Klose für Transrapid als „Exportartikel“ (am 2. März 1994)

Obwohl die Haltung der Bundestagsfraktion längst klar war, gab sich ihr Vorsitzender kryptisch und wehrt sich gegen „Bedenkenträgerei“: In einem Interview mit ddp/ADN trat er für den Bau der Transrapid-Trasse Hamburg-Berlin ein, falls eine begründete Aussicht auf einen Exporterfolg der Magnetschwebebahn bestehe. "Wenn Hoffnungen auf einen internationalen Erfolg begründet sind, bin ich persönlich für das Projekt, sonst aus Kostengründen nicht". Innerhalb der SPD-Fraktion sei der Diskussionsprozess um das Thema Transrapid noch im Gange, betonte Klose. Verkehrspolitische Argumente für das Projekt seien seiner Meinung nach "nicht überragend stark". In jedem Fall wären neue Bahntrassen zwischen beiden Großstädten für den Ausbau des Personenverkehrs nötig, der jedoch auch durch ICE-Verbindungen erfolgen könne. Auch der europäische Airbus sei nur aufgrund einer schwierigen Abwägungsentscheidung durchgesetzt worden, die sich als berechtigt erwiesen hätte. "Ich kann keine Politik in die Zukunft machen, wenn ich nur Bedenkenträgerei betreibe", sagte Klose. Ein Land wie die Bundesrepublik könne nicht mit "Besitzstandsmentalität" in die Zukunft gehen.

Warnte vor „Bedenkenträgerei“: Hans-Ulrich Klose, Fraktionsvorsitzender der SPD von 1991-1994.

Schröder rechnete 1994 noch richtig

Gerhard Schröder war als niedersächsischer Ministerpräsident noch gegen die Strecke und sagte am 6. September 1994 im Bundestag:

„Die Technologie, die dahintersteht, ist durchaus interessant. Das bestreitet keiner, und ich hätte auch gar nichts dagegen, mit Hilfe staatlicher Mittel diese Technologie zu fördern. Aber in Konkurrenz zur Deutschen Bundesbahn

(Zuruf von der F.D.P. Die gibt es nicht mehr!
Sie sind nicht mehr auf dem Laufenden!)

Und die quasi zwingen – mit einer Subventionssumme von um die 6 Milliarden DM, die keiner hat, Theo Waigel schon gar nicht, dieses Projekt da hinzusetzen, nachdem sich Westeuropa insgesamt für Rad-Schiene entschieden hat – das, meine Damen und Herren, mag immer noch Technologiepolitik sein, volkswirtschaftlich sinnvoll ist es nicht.

(Beifall bei der SPD, der PDS/Linke Liste und dem BÜNDNIS 90/DIE GRÜNEN)

Im Übrigen wird dies zu etwas anderem führen. Das, was wir wirklich brauchen, nämlich einen raschen und nachdrücklichen Ausbau der ICE-Technik, wird die Bundesbahn aus diesem Grunde nur sehr, sehr viel langsamer, wenn überhaupt, finanzieren können. Das heißt, die Blütenträume, die Sie dort erwecken wollen, werden Sie mit handfesten Nachteilen für die Deutsche Bundesbahn, für die Verkehrspolitik in Deutschland und für die Beschäftigten dort bezahlen. Das ist der Zusammenhang.

(Beifall bei der SPD, der PDS/Linke Liste und dem BÜNDNIS 90/DIE GRÜNEN)

Deshalb führen wir diese Debatte sehr gelassen.

(Josef Grünbeck [F.D.P.]: Deshalb ist er doch dagegen!)

Natürlich. Das habe ich doch sehr deutlich gesagt. Oder haben sie es nicht verstehen können? Dann wiederhole ich es gern. Ich habe keine Ängste, die Technologiedebatte mit Ihnen zu führen, übrigens auch auf einem anderen Feld.

„Niemand in der Welt hat Interesse am Transrapid“: Umweltpolitiker Michael Müller – SPD-MdB.

Michael Müller (später Parlamentarischer Staatssekretär bei Sigmar Gabriel) mischte sich als umweltpolitischer Sprecher am 2. Februar 1996 ein und forderte einen Stopp für den "Milliardenflop". Er nahm die Kritik des Bundesrechnungshofes am Transrapid-Projekt zum Anlass und warnte davor, das Vorhaben drohe zum "Milliardenflop" zu werden, weil es "finanzpolitisch riskant, verkehrspolitisch unsinnig und ökologisch fragwürdig" sei.in einer Presseerklärung nannte er die wichtigsten Kritikpunkte der SPD am Transrapid. Die Trasse solle parallel zur Bahnstrecke gebaut werden. Das führe dazu, dass beide Streckenführungen wegen der gegenseitigen Konkurrenz unrentabel würden. Die Fahrgastprognosen seien zu optimistisch, die gesamte Kostenplanung fragwürdig. Und an die Adresse der Export-Befürworter: Unverändert gebe es weltweit kein erkennbares Interesse an dem System. Zudem werde im Vergleich zur Bahn kein wesentlicher Zeitgewinn erzielt. Die Kosten für die Magnetschwebebahn lägen nach bisherigen Angaben im Vergleich zur ICE-Strecke dreimal höher. Es sei daher besser, den Transrapid jetzt zu stoppen, statt mit ihm ein "Milliardendebakel" zu erleben.

Heide Simonis machte im Bundesrat die Rechnung auf - nach „Bergedorfer Zeitung“ vom 15. Juni 1996

Mit dem Ja des Bunderats zum Magnetschwebebahn-Bedarfsgesetz hat der Transrapid gestern die letzte parlamentarische Hürde genommen. Der Baubeginn des Milliardenprojekts ist für 1998 geplant. 2005 soll der Magnetschweber Hamburg und Berlin in knapp einer Stunde verbinden. Bis zuletzt hatte Schleswig-Holsteins Ministerpräsidentin Heide Simonis gegen das Projekt gekämpft: Der Bund stolpert von Milliardenloch zu Milliardenloch. Und hier wir ein neues aufgerissen. Doch sie fand keine Mehrheit für einen Überweisungsantrag an den Vermittlungsausschuss.

Kampf bis zuletzt mit starken Argumenten gegen Hamburg-Berlin: Schleswig-Holsteins Ministerpräsidentin Heide Simonis

Mit spitzer Zunge nahm sie die Finanzierung der auf 5,6 Milliarden Mark berechneten Fahrwegkosten aufs Korn: 43 Prozent sollen unbeteiligte Ressorts zusammenkratzen. „Der Landwirtschaftsminister ist mit 220 Millionen dabei, der Transrapid ist die kurioseste agrarpolitische Maßnahme, die ich kenne.“ 88 Millionen soll das Ministerium für Arbeit, sechs Millionen das für Familie, Frauen und Jugend beisteuern. „Selbst die Entwicklungshilfe muss neun Millionen locker machen – weil Herr Spranger mit Transrapid eine neue Attraktion für Besuchergruppen aus der Dritten Welt gewinnt?"

Heide Simonis bezog sich dabei auf die haushaltspolitischen Planungen zur Finanzierung des Transrapid. Danach sollten die Kosten in Prozent wie folgt auf die Ressorts aufgeteilt werden:

Innenministerium:	1,77
Finanzministerium:	1,37
Wirtschaftsministerium:	10,51
Landwirtschaftsministerium:	3,94
Verkehrsministerium:	56,79
Bauministerium:	8,95
Bildung und Forschung:	9,79

Aber viele SPD-Spitzenpolitiker kümmerten die sachliche Argumentation und die Beschlüsse der Bundestagsfraktion überhaupt nicht.

Trotz Mehrheit im Bundesrat: SPD-Länder stimmen zu

Die Landesregierungen von Hamburg und Berlin haben am Dienstag grünes Licht für die erste Strecke der Magnetschwebebahn Transrapid zwischen den beiden größten deutschen Städten gegeben.

Der Hamburger Senat aus SPD und Statt-Partei entschied sich ebenso wie der von einer Großen Koalition gebildete Senat in Berlin dafür, an diesem Freitag im Bundesrat dem Gesetzentwurf für den supermodernen Hochgeschwindigkeitszug zuzustimmen. Die Wahrscheinlichkeit, dass der Vermittlungsausschuss zwischen Bundestag und Bundesrat angerufen werden muss, wird damit geringer. Der Bundestag hatte im Juni mit der Mehrheit von CDU/CSU und FDP für den Bau der Transrapidstrecke Hamburg-Berlin gestimmt. Im Bundesrat haben jedoch die SPD-Länder die Mehrheit.

Der Hochgeschwindigkeitszug soll ab dem Jahr 2005 seinen privatwirtschaftlichen Betrieb aufnehmen, an dem sich auch Bahn und Lufthansa beteiligen sollen. Die Gesamtinvestitionen für den "Flüsternden Pfeil", der die 284 Kilometer lange Strecke zwischen Hamburg und Berlin in etwa einer Stunde zurücklegen kann, werden mit 8,9 Milliarden Mark veranschlagt. 5,6 Milliarden Mark soll davon der Bund für den Streckenbau zahlen. Eine private Gesellschaft soll 3,3 Milliarden Mark für den Betrieb der Stelzenbahn investieren.

Und das, obwohl Hamburgs SPD-Vorsitzender Jörg Kuhbier am 19. September 1994 die SPD-Ministerpräsidenten in einem Brief – kurz vor der Bundestagwahl – vor einer Zustimmung zum Transrapidplanungsgesetz gewarnt hatte:

Eine Zustimmung zu diesem Gesetz sei theoretisch noch nicht gleichbedeutend mit der Zustimmung zu der von der Bundesregierung geplanten Investition. In der Öffentlichkeit werde aber so fein nicht unterschieden, und tatsächlich sei allen bewusst, dass mit diesem Einzelfallgesetz auch grünes Licht für die Maßnahme selbst gegeben würde. Kuhbier bat darum, die Zustimmung zu diesem Zeitpunkt zu verweigern. Über den Transrapid könne man trefflich streiten, aber eine definitive Entscheidung darüber drei Wochen vor den Bundestagswahlen angesichts einer sehr eindeutigen Aussage in unserem Wahlprogramm zu treffen, würde in der SPD und in der Bevölkerung auf Unverständnis stoßen. Gleichzeitig kämen viele der SPD-Wahlkämpfer in erhebliche Argumentationsschwierigkeiten, von den Motivationseinbrüchen ganz zu schweigen. Die Umweltverbände würden sich vor den Kopf gestoßen fühlen.

Die Kreistagsabgeordnete Sigrid Kuhlwein machte in Stormarn Dampf gegen den Transrapid und diskutierte in Trittau mit Hamburgs Bürgermeister Henning Voscherau.

An dieser Stelle wolle er auch noch einmal in Erinnerung rufen, dass während der kurzen Diskussion über das Wahlprogramm auf dem Parteirat am 21. Juni dieses Thema aufgrund eines Wortbeitrags von Eckart Kuhlwein eine Rolle gespielt hat. Oskar (Lafontaine) habe daraufhin auf die Veränderung des Textes durch die Antragskommission hingewiesen, die dann auch so beschlossen worden sei: **Bei der Einführung neuer spurgebundener Verkehrssysteme, z.B. der Magnetschwebebahn, ist die privatwirtschaftliche Finanzierung sicherzustellen.** Er habe hinzugefügt, dass das praktisch eine Ablehnung sei, weil die Industrie nicht zur Übernahme der Kosten bereit sei. Dem habe kein sozialdemokratisches Regierungsmitglied der Länder weder im Parteirat noch auf dem Bundesparteitag widersprochen. Gleichzeitig würde auch der designierte Bundeswirtschafts- und Verkehrsminister Gerhard Schröder desavouiert, der sich bislang vehement gegen das Projekt ausgesprochen habe. Wie sollte das eigentlich gegenüber den Wählerinnen und Wählern vermittelt werden?

Der SPD-Parteirat beschloss schon 1996 das NEIN

Am 19. März 1996 stimmte der Parteirat der SPD mit großer Mehrheit einem Antrag aus Schleswig-Holstein zu, den Bau einer Transrapid-Strecke zwischen Hamburg und Berlin zu verhindern. Dazu Eckart Kuhlwein in einer Presseerklärung: Der Antrag sei vom Mannheimer Parteitag im November vergangenen Jahres an den Parteirat, das höchste Gremium in der SPD zwischen den Parteitagen, überwiesen worden. In dem Antrag würden die SPD-Bundestagsfraktion und die sozialdemokratisch geführten Länder aufgefordert, gegen das von der Bundesregierung eingebrachte Magnetschwebebahn-Bedarfsgesetz zu stimmen, das die Strecke Hamburg-Berlin festlegen soll.

Wörtlich: „Nach Auffassung Kuhlweins gelten solche nach gründlichen Diskussionen in der Partei gefassten Beschlüsse für alle mit der Entscheidung über den Transrapid befassten Politiker. Kuhlwein erwartet deshalb, dass insbesondere die Regierungschefs von Hessen und Hamburg ihre bisherige Position zur Magnetschwebebahn noch einmal überdenken. Die SPD-Bundestagsfraktion habe bereits im vergangenen Herbst in einem Antrag im Bundestag deutlich gemacht, dass sie den Transrapid von Hamburg nach Berlin ablehne und stattdessen eine ICE-Verbindung fordere.“

1997 gab es dann auch auf dem Bundesparteitag in Hannover (2. - 4. Dezember) einen eindeutigen (endgültigen?) Beschluss:

Antrag I 156
Kreisverband Lauenburg
(Landesverband Schleswig-Holstein)

> *Die SPD lehnt das Projekt einer Transrapid-Verbindung zwischen Hamburg und Berlin ab. Stattdessen wird eine ICE-Strecke zwischen den beiden Großstädten in den Schienenwegeausbauplan des Bundes aufgenommen. Die SPD wird die beteiligte Industrie bei der Suche nach einer verkehrspolitisch sinnvollen, ökologisch vertretbaren und wirtschaftlich rentablen ersten Anwendungsstrecke für die Magnetschwebebahn-Technik unterstützen. Öffentliche Mittel dürfen dafür nicht aufgebracht werden.*

(**Angenommen** und überwiesen an Parteivorstand zur Erarbeitung eines Wahlprogramms)

Einer der Quertreiber war **Wolfgang Clement**, damals Ministerpräsident in Nordrhein-Westfalen. Bei den Koalitionsverhandlungen mit den GRÜNEN im Oktober 1998 drängte er auf klares Ja zum Transrapid (nach dpa):

„Wer den Transrapid zu einem Exportschlager machen will, müsse ihn auf einer Anwendungsstrecke in der Praxis präsentieren können“, heißt es in einem Vermerk der NRW- Staatskanzlei. Das Papier dient offensichtlich auf SPD-Seite zur Vorbereitung der nächsten Koalitionsrunde am Sonntag, bei der die Verkehrspolitik einen Schwerpunkt bildet. Die Grünen lehnen den Transrapid ab. Die Magnetschwebebahn ist allerdings auch in der SPD umstritten. In dem Clement-Papier wird argumentiert, nur wer eine Technologie im eigenen Land anwende und ihre Risiken beherrsche, der könne sie auch auf dem Weltmarkt verkaufen. Entwicklung und Bau des Transrapids würden weit über den Bereich der Fahrzeugtechnik ausstrahlen und Innovationen auch in der Werkstoff- und Bautechnik anstoßen. Das Firmenkonsortium für das Transrapidprojekt besteht aus den Firmen Thyssen, Siemens und Adtranz. NRW hat an dem Bau ein erhebliches Arbeitsplatzinteresse.

Kümmerte sich wenig um Beschlüsse von Partei und Fraktion: Wolfgang Clement, Ministerpräsident und späterer Bundeswirtschaftsminister in der Regierung von Kanzler Gerhard Schröder.

.Der Transrapid markiere „den Aufbruch in eine neue Generation der Verkehrstechnologie und einen Quantensprung über die seit mehr als 100 Jahren im wesentlichen optimierte Rad-Schiene-Technik hinaus“, heißt es in dem Papier weiter. Es wäre mehr als kurzsichtig, die Entwicklung dieser Technologielinie abzubremsen. Der Transrapid sei auch ökologisch und zeitökonomisch „die klar bessere Alternative zum Kurzstreckenflugverkehr“. Für die weltweite Vermarktung benötigten die Hersteller „unbestritten eine Referenzstrecke“. Die Bundesregierung habe den Auftrag dazu, die Voraussetzungen für die Infrastruktur zu schaffen.

Im November 1998 wollte **Clement** dann wenigstens die „Referenzstrecke“ **nach Nordrhein-Westfalen** holen:

"Wenn Hamburg-Berlin nicht gebaut wird, bauen wir die Referenzstrecke", sagte Ministerpräsident Wolfgang Clement (SPD) dem Magazin "Focus". Er wies aber die Darstellungen des Magazins zurück, es gebe schon konkrete Planungen. Er gehe vielmehr davon aus, dass Hamburg-Berlin gebaut werde. Dafür sprach sich auch Bundesverkehrsminister Franz Müntefering (SPD) aus. Der Naturschutzbund NABU lehnte auch eine verkürzte Alternativstrecke ab. Wir verhelfen dem Transrapid dazu, dass er ein Exportschlager wird", sagte Clement.

Focus berichtete; Clement ·habe vor zwei Wochen schon mit dem Chef der Thyssen-Industrie über eine Transrapid-Verbindung zwischen den Flughäfen Düsseldorf und Köln/Bonn gesprochen. Darum sagte Clement in Radio NRW, es gebe zwar eine „alte Konzeption aus dem Ende der 80er Jahre", die für manche, die damit spekulierten, eine gewisse Rolle spiele. Er sei aber dafür, dass Hamburg-Berlin realisiert wird." Sollte die Trasse nicht In dem Clement-Papier wird argumentiert, nur wer eine Technologie im eigenen Land anwende und ihre Risiken beherrsche, der könne sie auch auf dem Weltmarkt verkaufen. Entwicklung und Bau des Transrapids würden weit über den Bereich der Fahrzeugtechnik ausstrahlen und Innovationen auch in der Werkstoff- und Bautechnik anstoßen. Das Firmenkonsortium für das Transrapidprojekt besteht aus den Firmen Thyssen, Siemens und Adtranz. NRW hat an dem Bau ein erhebliches Arbeitsplatzinteresse. gebaut werden, müsse man eine andere Lösung finden.

Elke Ferner versuchte noch vor der Bundestagswahl 1998 die Scherben zusammenzukehren und schrieb einen Brief mit einer Sprachregelung an die sozialdemokratischen Ministerpräsidenten Rudolf Scharping, Gerhard Schröder und Oskar Lafontaine. Thema:

„Öffentliche Darstellung unserer Haltung"

Zur Vermeidung von Irritation in der Öffentlichkeit über das mögliche Vorgehen einer sozialdemokratischen Bundesregierung hinsichtlich des Transrapid-Projekts Hamburg-Berlin scheint es mir wichtig, für die nächsten Wahlkampfwochen zu einer einheitlichen Sprachregelung zu finden.

Im Vordergrund unserer Ablehnung der Magnetschwebebahnstrecke Hamburg Berlin stand immer die Frage der unzureichenden Finanzierung und der extremen Haushaltsrisiken. Hintergrund dafür war und ist die Überzeugung, dass die Bahn keinen weiteren Abfluss von Investitionsmitteln verträgt, die ihr gegebenenfalls aus den Risiken für das Transrapid-Projekt entstehen.

Gerhard Schröder hat dann sowohl in Köln als auch in Rostock seine Erwartung ausgedrückt, diese für uns zentrale Frage der Finanzierung scheine gelöst.

Nach allen mir vorliegenden Informationen ist dies nicht der Fall. Das Transrapid-Konsortium und DBAG - hatten sich im April '97 darauf verständigt, endgültige Beschlüsse erst auf der Basis endgültiger Investitions- und Betriebskostenermittlungen zu treffen, die für das erste Halbjahr '98 vorgesehen waren und bisher nicht vorliegen. Bis heute sind die folgenden Finanzierungsfragen unbefriedigend gelöst:

- Haushalt des BMV: Für das zinslose Darlehen des Bundes an die DBAG zur Finanzierung des Fahrwegs in Höhe von 6,1· Mrd. DM ist kein fester Rückfluss-Plan vorgesehen - anders als bei allen anderen Schienenprojekten. Der Rückfluss der Bundesmittel soll erst nachrangig erfolgen, das heißt dann, wenn das Konsortium in voller Höhe refinanziert ist.

- DBAG: Sie soll die Verpflichtung eingehen, an das Konsortium ein festes Nutzungsentgelt unabhängig von ihren tatsächlichen Einnahmen aus dem Transrapid-Betrieb zu zahlen. Für den Fall eines schlechten Geschäftsergebnisses trägt das Konsortium keinerlei Risiko, die Bahn dagegen in vollem Umfang. Die Bahn scheint sich derzeit noch gegen eine Reihe von weiteren Zumutungen zu wehren, durch die sie weitere Risiken aus dem Transrapid-Geschäft übernehmen soll: Verluste. die gegebenenfalls aus einem Betriebsausfall herrühren könnten; Reinvestitionskosten; Festlegung von Einzelheiten bei Wartungs- und Betriebskosten.

Fazit:
Wenn es unter den genannten Vorzeichen zum Vertragsabschluss zwischen BMV, DBAG und Konsortium kommt. so wird die DBAG - und damit der Eigentümer Bund - auf Dauer einen Mühlstein am Hals haben, mit langfristigen Folgen für ihre zukünftigen Investitionshaushalte.

Elke Ferners Vorschlag zur Sprachregelung:

1) Keine Ablehnung der Magnetschwebetechnik schlechthin. Unsere Kritik richtet sich ausschließlich gegen die gewählte Strecke.
2) Im Vordergrund der Ablehnung der Magnetschwebebahnstrecke Hamburg Berlin stand für die SPD immer die Frage der unzureichenden Verteilung der Finanzierungsrisiken zwischen öffentlicher Hand und dem Transrapid Konsortium und die daraus resultierenden Risiken für den Haushalt des Bundesverkehrsministeriums und die DBAG.
3) Für uns hat die privatwirtschaftliche Finanzierung höchste Priorität; ein Finanzierungskonzept, bei dem das private Konsortium kein angemessenes Risiko am Transrapid-Projekt übernehmen, findet keine Zustimmung.
4) Appell an den Bundesverkehrsminister sicher zu stellen, dass die privaten Investoren angemessen am Risiko für die Transrapid-Strecke Hamburg-Berlin beteiligt werden, und dass weder die Bahn als künftige Betreiberin noch der Bund als Finanzier des Fahrwegs alle Verluste tragen müssen.
5) Vorrangiges verkehrs- und industriepolitisches Ziel bleibt der Ausbau eines leistungsfähigen gesamteuropäischen Hochgeschwindigkeits-Schienennetzes.
6) Bei Sicherstellung einer fairen Risikoverteilung wird es mit der SPD keine Investitionsruinen geben.
   Mit freundlichen Grüßen

Am 8. September 1998 – kurz vor dem Wahltag – musste **Elke Ferner** für die Spitzenleute an Herrn Noack von der Bürgerinitiative Bergedorf den folgenden Brief schreiben, in dem sie nur wenig auf die Sorgen der Bürgerinitiativen einging:

Im Vordergrund der Ablehnung der Strecke Hamburg-Berlin habe immer die Frage der unzureichenden Finanzierung und der extremen Haushaltsrisiken gestanden. Die Bahn werde keinen weiteren Abfluss von Investitionsmitteln vertragen. Aber die SPD habe nie einen Zweifel daran gelassen, dass sie die Magnetschwebebahn für eine interessante technologische Innovation halte. Sie sollte auf einer kurzen Anwendungsstrecke, die nicht in Konkurrenz zum IC oder ICE stehe, erprobt werden. **(9)**

Dann trickste Franz Müntefering. Am 8. April 1998 meldete ADN:

SPD will sich ein Ja offenhalten

Die SPD will sich offenbar entgegen ihrer bisherigen Beschlusslage ein mögliches Ja zu der geplanten Transrapid-Verbindung von Hamburg nach Berlin offenhalten. Im Vorfeld des Leipziger Bundesparteitages der Sozialdemokraten empfahl deren Antragskommission die Ablehnung von Anträgen, die ausdrücklich ein Nein zu dem Magnetschwebebahn-Projekt in das Regierungsprogramm der SPD schreiben lassen wollten. So hatte der Landesverband Schleswig-Holstein gefordert, den Beschluss des Hannoveraner SPD-Parteitages vom Dezember vergangenen Jahres, demzufolge die Sozialdemokraten die Transrapid-Verbindung ablehnen, in das Programm aufzunehmen. SPD-Bundesgeschäftsführer Franz Müntefering wollte die Empfehlung der Antragskommission am Mittwoch vor Journalisten in Bonn nicht kommentieren. Er betonte lediglich, die Entscheidung liege bei den Delegierten.

Schröder machte im Wahlkampf 1998 eine Zusage in Rostock

AP meldete aus Rostock unter dem Datum des 21. Juni 1998: Der SPD-Kanzlerkandidat Gerhard Schröder hat Ostdeutschland nach einem Wahlsieg volle Unterstützung zugesagt und sich für den Bau des Transrapids stark gemacht. Schröder versprach am Samstag in Rostock, eine von ihm geführte Bundesregierung werde den neuen Ländern bei der Angleichung der industriellen Basis und des Exportaufkommens an das Westniveau wirksam helfen. Am Rande des SPD-Forums Ostdeutschland sagte er weiter zu, er wolle die Entwicklung mittelständischer Strukturen vorantreiben und dazu verstärkt Wagniskapital für Existenzgründer bereitstellen. Die Magnetschwebebahn Transrapid zwischen Hamburg und Berlin sei ein technologisch hochinteressantes Projekt", dessen Finanzierung jetzt offenbar geklärt sei, sagte Schröder.

Widerspruch Lafontaine-Schröder im September 1998

Am 7. September 1998 sah das wieder ganz anders aus. Reuters meldete, dass Lafontaine die Transrapid-Finanzierung skeptisch sehe: SPD-Parteichef Oskar Lafontaine hat sich skeptisch über die Finanzierung der Magnetschwebebahn Transrapid geäußert. „Mir ist noch kein Konzept bekannt, wo ich darunter schreiben würde: Finanzierung gesichert, sagte Lafontaine am Montag in Bonn. Er habe wie Bundesverkehrsminister Matthias Wissmann (CDU) den Eindruck, dass es noch „einige Unklarheiten“ gebe.

Kritisierte die Zahlen: Oskar Lafontaine, 1998 noch SPD-Parteichef.

SPD-Kanzlerkandidat Gerhard Schröder hatte unter anderem mit Äußerungen zum Transrapid für Aufregung bei den Grünen gesorgt. Schröder hatte erklärt, am Bau des Transrapid und am Bau der Autobahn A 20 werde auch in den Koalitionsgesprächen nicht gerüttelt. „Die Ostseeautobahn wird gebaut. Und der Transrapid auch, “ sagte er. Die Grünen warnten Schröder davor, im Falle eines Wahlsieges Bedingungen für die Aufnahme von Koalitionsverhandlungen zu stellen. Die Festlegung Schröders auf den Bau des Transrapid hatte Grünen-Vorstandssprecherin Gunda Röstel angesichts des “gigantischen Haushaltsrisikos vorsichtig gesagt als etwas voreilig“ bezeichnet.

Müntefering warb auch noch 1999 dafür

Dann wurde Franz Müntefering Bundesverkehrsminister und sagte am 25. Februar 1999 im Bundestag: „Zum Transrapid. Damit keine Missverständnisse entstehen: Ich arbeite unverändert daran, und ich bin willens und entschlossen, den Transrapid Berlin-Hamburg möglich zu machen. Ich bin fest davon überzeugt, dass dieses Projekt möglich und finanzierbar sein wird."

Der Transrapid in Programmen und Koalitionsverträgen

In den Regierungsprogrammen der SPD und in den Koalitionsverträgen spielte der Transrapid immer wieder eine Rolle.

Im Regierungsprogramm der SPD 1994 mit Kanzlerkandidat **Rudolf Scharping** hieß es noch: „Bei der Einführung neuer spurgebundener Verkehrssysteme, z.B. der Magnetschwebebahn, ist die privatwirtschaftliche Finanzierung sicherzustellen."

2002 bei **Gerhard Schröder** wurde der Transrapid ein Teil eines „Investitionsprogramms" mit dem die SPD unter anderem auch „modernste Bahntechnik wie z.B. Magnetschwebetechnik fördern" wollte.

Koalitionsvertrag Rot-Grün 1998: „Die Magnet-Schwebebahn Transrapid ist eine hochentwickelte Technologie. Grundlage für die Realisierung des Projekts sind die Vereinbarungen im Eckpunktpapier zwischen dem Bund, der Deutschen Bahn AG und der Industrie vom April 1997 (das hatte einen Anteil des Bundes von 6,1 Mrd. DM vorgesehen – EK). Darüber hinaus gehende Kosten hinsichtlich Investition und Betrieb wird der Bund nicht übernehmen. Unabhängig von der Strecke Hamburg-Berlin soll die Perspektive hinsichtlich der Weiterentwicklung und Anwendung der Magnetschwebetechnik in Deutschland – gegebenenfalls über eine andere Referenzstrecke – offengehalten werden."

Koalitionsvertrag Rot-Grün 2002: Für die finanzielle Unterstützung für den Bau von Anwendungsstrecken für die Magnetschwebebahntechnologie stehen auch weiterhin Bundesmittel in einer zugesagten Gesamthöhe bis zu 2,3 Mrd. € zur Verfügung.

Koalitionsvertrag Große Koalition 2005: Der Stärkung der internationalen Wettbewerbsfähigkeit des Technologiestandorts Deutschland dienen ausgewählte innovative Leuchtturmprojekte, wie zum Beispiel…u.a.

- der Ausbau von Bahnschnellsystemen, unter anderem mindestens einer Transrapid-Referenzstrecke in Deutschland.

Koalitionsvertrag Schwarz-Gelb 2009: Unter „Zukunftstechnologien“ findet sich bei Schwarz-Gelb der Transrapid nicht mehr ausdrücklich, es heißt nur „Bei der Fahrzeugtechnologie und Elektromobilität wollen wir insbesondere alternative Antriebskonzepte im Interesse zukünftiger, umweltfreundlicher Verkehrskonzepte in den Mittelpunkt rücken.“ Im Kapitel Bahnpolitik findet sich 2009 auch kein Hinweis auf den Transrapid. CDU/CSU und FDP hatten sich offenbar nach dem Desaster in München jetzt auch vom Transrapid verabschiedet.

Der lange Marsch des Wahlkreis-Abgeordneten E.K.

Nachdem die Trasse Hamburg-Berlin in den Bundesverkehrswegeplan aufgenommen werden sollte, wuchs in Schleswig-Holstein der Widerstand – nicht nur in der Politik, sondern auch in Bürgerinitiativen entlang der Strecke in den Kreisen Stormarn und Herzogtum Lauenburg. Der Verfasser musste sich für seinen Wahlkreis mit dem Thema beschäftigen und alle nur möglichen Informationen sammeln. Schon 1992 hatte er viele kritische Argumente zusammen und ging damit in die Institutionen der SPD auf allen Ebenen.

Der SPD-Landesvorstand setzte 1992 eine Arbeitsgruppe ein

Am 13. Januar 1992 beschloss der SPD-Landesvorstand Schleswig-Holstein auf Antrag von Eckart Kuhlwein die Einsetzung einer Arbeitsgruppe, die eine Position für den Landesvorstand entwickeln sollte. Die Arbeitsgruppe sollte wie folgt vorgehen:

Der Arbeitsgruppe sollten angehören Eckart Kuhlwein, Udo Wnuck, Helmut MIkelskis für den Landesvorstand, Ulrike Mehl und Reinhold Hiller für die Bundestagsgruppe, Jürgen Hinz und Hermann Benker für die Landtagsfraktion.

Von Anfang an kritisch: Die Umweltpolitikerin Ulrike Mehl MdB aus Schleswig-Holstein.

Im Text der Begründung hieß es, die Erklärung von Bundesverkehrsminister Krause, eine „Transrapid"-Strecke von Hamburg nach Berlin in den anstehenden Bundesverkehrswegeplan aufzunehmen, mache eine zwischen Landespartei, Landtagsfraktion, Landesregierung und Bundestagsgruppe abgestimmte Meinungsbildung erforderlich. Das Projekt sei unter ökologischen, verkehrspolitischen und finanzpolitischen Gesichtspunkten umstritten. Ein abgestimmtes Vorgehen sei für die öffentliche Darstellung der Partei in Schleswig-Holstein und für ihre Voten im Bund nötig.

Vorgehensweise: Eckart Kuhlwein sollte Material aus dem Bundestag besorgen. Dazu sollten Bewertungsmaßstäbe für ökologische Gesichtspunkte – Trassenbau und Betrieb -, für die technische Zuverlässigkeit, die Vereinbarkeit mit dem vorhandenen Verkehrssystem und eine Kosten-Nutzen-Rechnung erarbeitet werden. Expertengespräche sollten mit der Landesregierung, der Deutschen Bundesbahn, mit Natur- und Umweltschutzverbänden und evtl. mit der Verkehrswissenschaftlichen Gesellschaft geführt werden. Am Ende sollte ein Beschlussvorschlag für den Landesvorstand stehen.

Der SPD-Landesvorstand machte sich das Papier der Arbeitsgruppe im Mai 1992 zu Eigen, nachdem die Gruppe den Landesverkehrsminister, Umweltverbände und Vertreter der DB gehört hatte.

Beschluss des Landesvorstands der SPD vom Mai 1992

Vorbemerkung:
„Die SPD verfolgt eine ökologisch ausgerichtete Verkehrspolitik, die sozial verträglich ist und mehr als bisher die verschiedenen Verkehrsträger aufeinander abstimmt. Wir wollen, wo immer möglich, den Autoverkehr und den Flugverkehr durch schienengebundene Verkehrsmittel, Busse und Schiffe ablösen.“ (Aus dem Programm der SPD Schleswig-Holstein zur Landtagswahl 1992)

Davon ausgehend hat der Landesvorstand geprüft, inwieweit der Transrapid als Hochgeschwindigkeitssystem eine geeignete Verkehrstechnologie ist, um zu einer Reduzierung des Auto- und Flugverkehrs zu kommen. Ob er eine Technologie ist, die unter ökologischen Gesichtspunkten gegenüber anderen schienengebundenen Systemen eine günstiger Bilanz aufweist und in bestehende Verkehrssysteme und in ein europäisches Hochgeschwindigkeitsnetz integrierbar ist.

Der SPD-Landesvorstand Schleswig-Holstein spricht sich aus wirtschaftlichen, finanziellen und ökologischen Gründen gegen die Aufnahme einer Referenz- oder Anwendungsstrecke des „Transrapid“ in den Bundesverkehrswegeplan aus. Er setzt sich stattdessen für den zügigen Ausbau und Umbau des Schienensystems zu einem Schnellverkehrsnetz im Rahmen eines europäischen Verbundes ein. **(10)**

Verkehrsminister Uwe Thomas war der Parteibeschluss egal

Dieser Beschluss der Landespartei kümmerte aber den vorübergehenden **Landeswirtschafts- und Verkehrsminister Uwe Thomas** – von 1992 bis 1993 im Amt - überhaupt nicht. Er äußerte sich in der Heimatpresse positiv über das Projekt Hamburg-Berlin. Kuhlwein reagierte in einer Pressemitteilung von 1. Oktober 1992:

Ohne Interesse an der Parteidiskussion: Staatssekretär und dann vorübergehend Verkehrsminister in Kiel, Uwe Thomas.

Der Landesvorstand der SPD hat sich eindeutig gegen die Aufnahme einer Transrapid-Strecke Hamburg-Berlin in den Bundesverkehrswegeplan ausgesprochen. Landesverkehrsminister Uwe Thomas ist diese Auffassung bekannt. Er selbst hat dem Landesvorstand vorgetragen, eine Entscheidung sei noch nicht gefallen. In einem Schreiben vom Juli hat er gegenüber Bundeverkehrsminister Krause geäußert, beim Transrapid seien noch viele Fragen offen.

Niemand erwartet von der Landesregierung, dass sie sich in jedem Falle buchstabengetreu an Beschlüsse von Parteigremien hält. Aber die Partei kann erwarten, dass sie bei erheblichen Abweichungen von ihren Beschlüssen rechtzeitig ins Bild gesetzt wird, auch um die Möglichkeit zur kritisch-solidarischen Diskussion über die Entscheidungen der Regierung zu haben. Offenbar muss das der Verkehrsminister noch lernen. Tut er dies nicht, werden sich Konflikte auch in Schleswig-Holstein verschärfen.

In der Sache selbst bedeutet die Zusage Kiels an Krause ein kostenträchtiges, ökologisch nicht vertretbares Experiment, das der Deutschen Bundesbahn erheblich schaden wird. Die Zeit solcher irrationaler Großprojekte sollte spätestens mit dem Bau des Rhein-Main-Donau-Kanals vorbei sein. Das muss auch die Landesregierung wissen. Die SPD wird jedenfalls in der betroffenen Region in Stormarn und Lauenburg jeden erdenklichen politischen Widertand leisten."

Am 5. Oktober 1992 bekam Eckart Kuhlwein auf eine **Anfrage an die Bundesregierung** nach der geplanten Trasse folgende kurze Antwort:

Die Bundesregierung hat mehrere Verbindungen im Hinblick auf einen Einsatz der Magnetbahn Transrapid untersuchen lassen. Die Untersuchungen ergaben, dass eine Verbindung Berlin-Hamburg positiv zu beurteilen ist. Zum Untersuchungsumfang gehörte auch eine mit dem Ziel, die Investitionskosten als Eingangsgröße für Wirtschaftlichkeitsuntersuchungen hinreichend genau ermitteln zu können. Die Grobtrassierung für die Strecke Berlin-Hamburg in Schleswig-Holstein sieht eine enge Anlehnung der Magnetbahntrasse an die vorhandenen Autobahnen A 1 und A 24 vor. Die Bundesregierung strebt eine privatwirtschaftliche Realisierung der Magnetbahnstrecke Berlin-Hamburg an und hat die Industrie gebeten, ein Finanzierungskonzept vorzulegen. *Vor der Sicherstellung der Finanzierung liegt die konkrete Planung und damit auch die Information der Öffentlichkeit in der Verantwortung des Bauherrn, der noch nicht feststeht (sic!) -EK).*

Ein Landesparteitag am 11. September 1993 in Bad Segeberg bestätigte die Einschätzung des Landesvorstands: „Die SPD lehnt die Planung und den Bau einer Transrapid-Strecke von Hamburg nach Berlin aus ökologischen, wirtschaftlichen und verkehrspolitischen Gründen ab."

Nachfolger von Uwe Thomas wurde im Kabinett von Heide Simonis **Peer Steinbrück**. Und der dachte sehr viel kritischer über den Transrapid als der Technokrat Uwe Thomas.

Am 24. Februar 1994 – noch vor dem Planungsgesetz des Bundes – schrieb Peer Steinbrück in einem Vermerk u.a.:

„Nur eine Insellösung“

„Ziel der europäischen Verkehrspolitik ist u.a. der Aufbau eines transeuropäischen (Hochgeschwindigkeits-)Schienen-netzes, das West- und Mittelosteuropa umfasst. Vorbedingung dafür ist eine enge europäische Zusammenarbeit im Hochgeschwindigkeitsverkehr, die Vereinheitlichung der Spurbreiten, Vereinheitlichung der Betriebs- und Signalsysteme und ihre umfassende Modernisierung auf der Grundlage neuester Techniken. Alle europäischen Staaten wollen an diesem Hochgeschwindigkeitsnetz partizipieren. In einem solchen europäischen Hochgeschwindigkeitsnetz ist die Transrapid-Strecke Harnburg-Berlin eine Insellösung, die erkennbar von keinem anderen EU-Mitglied und Betreiber aufgegriffen werden dürfte.

Arbeitete sich schnell in das Thema Transrapid ein und teilte die Skepsis: Peer Steinbrück als Verkehrsminister in Schleswig-Holstein.

Konkurrenz auf dem Weltmarkt für den ICE

Der Transrapid konkurriert mit dem ICE auf denselben internationalen Märkten für spurgebundene Hochgeschwindigkeitssysteme. Beide Systeme werden praktisch von der gleichen Herstellergruppe vertreten (Siemens, AEG, Thyssen Henschel). Die Konzentration öffentlicher Gelder auf den Transrapid mindert die Marktchancen des ICE zum Vorteil des französischen TGV (Bundeszuschüsse bis 1993 für den Transrapid: 1,8 Mrd. DM; für den ICE: 0,061 Mrd. DM. Industriepolitisch ergibt sich aus deutscher Sicht ein "Null-Summen Spiel“. Exportpolitisch wird der Transrapid eher ein Nischenprodukt sein.Seine Chancen dürften in Europa minimal sein. Weltweit gesehen sind die Markterwartungen für den ICE bzw. eine fortentwickelte Rad-Schiene-Technik weitaus größer, wenn man berücksichtigt, dass der größte Teil des Weltmarktes im spurgebundenen Verkehr in Ländern liegt, die eine Fortentwicklung und Unterhaltung der konventionellen Rad-Schiene-Technik bevorzugen dürften

Für uns nur ein „Durchlauferhitzer“

Schleswig-Holstein bzw. der Kreis Herzogtum Lauenburg ist reiner "Durchlauferhitzer" für den Transrapid. Haltepunkte in Schleswig-Holstein sind unsinnig. Positive Regionaleffekte sind nicht zu erkennen. Demgegenüber sind Belastungen nicht von der Hand zu weisen (Lärmemissionen je nach Geschwindigkeitsprofil, Problematik Sachsenwald, Bewältigung eines erheblichen Verkehrsaufkommens bei einer Anbindung etwa in Hamburg-Billwerder.“

Damit wurde die Position der Landesregierung von Schleswig-Holstein bestimmt, die Eckart Kuhlwein jetzt auf seiner Seite wusste.

Die SPD Schleswig-Holstein fragte die Bundesregierung

Auf Anregung des Abgeordneten Eckart Kuhlwein haben SPD-Politikerinnen und -Politiker aus Schleswig-Holstein im März 1996 eine ganze Reihe von kritischen Fragen zu den Folgen der Transrapid-Planung für Schleswig-Holstein und seine südlichen Kreise an die Bundesregierung gerichtet:

1.) Welche Trasse hat die Bundesregierung für die von ihr geplante Transrapid-Strecke Hamburg-Berlin vorgesehen, und trifft es zu, dass den bisher veröffentlichten Kostenschätzungen eine Trassierung entlang der A 24 zugrunde liegt?

2.) Wenn die Bundesregierung für den Transrapid eine Trasse entlang der A 24 vorgesehen hat: wird die Trasse niveaugleich mit dem Kraftfahrzeugverkehr verlaufen oder in welcher Höhe über dem Kraftfahrzeugverkehr?

3.) Welche Straßenbaumaßnahmen mit welchem Finanzvolumen

sind erforderlich, um die geplante Transrapid-Baustelle zu bedienen, und welche sind erforderlich, um die Streckenunterhaltung und eventuelle Rettungsmaßnahmen entlang der gesamten fertigen Transrapid-Strecke zu ermöglichen?

4.) Beabsichtigt die Bundesregierung eine direkte Einführung des Transrapid in den Hamburger Hauptbahnhof, und soll diese Einführung gegebenenfalls unter oder über den vorhandenen Fernbahngleisen oder neben dem Hauptbahnhof gebaut werden?

5.) Welche Investitionskosten entstehen durch den für den Transrapid geplanten Haltepunkt Billwerder-Moorfleet für die Anbindung an den öffentlichen Personennahverkehr in Hamburg und Schleswig-Holstein, und wer soll diese Investitionskosten aufbringen?

6.) Welche Kosten entstehen durch die Anbindung des geplanten Transrapid-Haltepunkts Billwerder-Moorfleet an das öffentliche Straßennetz, und wer soll diese Kosten aufbringen?

7.) Welche Kosten entstehen dem Land Schleswig-Holstein, den Kreisen Herzogtum Lauenburg und Stormarn bzw. den Gemeinden dieser Kreise durch die Anpassung ihres Straßennetzes (z.B. Brücken oder Unterführungen) an die von der Bundesregierung geplante Transrapid-Trasse und ist die Bundesregierung der Meinung, dass die Kosten von den jeweiligen Straßenbaulastträgern übernommen werden müssen?

8.) Welche Pläne verfolgt die Bundesregierung mit dem Ausbau der Strecke Hamburg-Berlin, und trifft es zu, dass der Ausbau wegen der geplanten Transrapid-Strecke statt wie zuvor geplant für 200 km/h jetzt nur noch für 160 km/h Spitzengeschwindigkeit vorgesehen ist?

9.) Teilt die Bundesregierung die Auffassung des Wissenschaftlichen Beirats beim Bundesminister für Verkehr, dass eine Hochgeschwindigkeitsstrecke im Rad-Schiene-System zwischen Hamburg Hauptbahnhof und dem Lehrter Bahnhof in Berlin nur unwesentlich langsamer, aber erheblich billiger zu bauen wäre als eine vergleichbare Transrapid-Trasse?

Im Sommer 1994 warnte Eckart Kuhlwein den SPD-Kanzlerkandidaten Rudolf Scharping davor, als Ministerpräsident von Rheinland-Pfalz im Bundesrat für den Transrapid zu stimmen:

Auch Rudolf Scharping nahm als Ministerpräsident von Rheinland-Pfalz die Beschlüsse der Parteigremien nicht zur Kenntnis, obwohl.er Kanzlerkandidat war.

Lieber Rudolf,
aus Kreisen des Bundesrats habe ich erfahren, dass Rheinland-Pfalz dem Magnetschwebebahn-Planungsgesetz (MBPIG) am 8. Juli im Bundesrat zustimmen will. Eure vier Stimmen würden dann den Ausschlag geben, dass das Gesetz den Bundesrat passiert.

Ich brauche Dir nicht zu erläutern, dass diese Entscheidung einen erneuten Konflikt zwischen Bundestagsfraktion und Bundesratsmehrheit bedeuten würde. Ich glaube, dass auch das Vertrauen zu Dir als dem Kanzlerkandidaten der SPD leiden könnte.

Wir haben im Regierungsprogramm von Halle eine eindeutige Aussage, dass wir den Transrapid nur zulassen, wenn er wirklich privat finanziert wird. Davon kann bis heute keine Rede sein. Wenn ein Programm schon vor dem Wahltag beiseitegelegt wird, steigt unsere Überzeugungskraft ganz ungemein. Ich habe Dich zweimal rechtzeitig auf das Problem angesprochen. Du hast beziehungsreich geschwiegen. Ich will Dich mit diesem letzten Appell noch einmal darauf aufmerksam machen, dass wir uns diesen Konflikt nicht auch noch leisten sollten.

Und wenn Ihr wirklich dafür stimmt: Vielleicht hast Du dann noch einen Termin übrig, um meinen (betroffenen) Wählerinnen und Wählern im Wahlkreis zu erklären, warum?

Im Übrigen gäbe es bei mangelnder Entscheidungsfreude auch noch den Vermittlungsausschuss. Ich hatte geglaubt, Du wolltest das Thema wenigsten über den 16.10. schieben.

Vielleicht gewinnst Du doch noch eine bessere Einsicht.

Viele solidarische Grüße – Eckart Kuhlwein

Im September 1994 mahnte Eckart Kuhlwein die sozialdemokratischen Ministerpräsidenten – und das waren damals sehr viele – in einem persönlichen Brief vergeblich, dem MSB-Planungsgesetz nicht zuzustimmen:

„Am kommenden Freitag, dem 23. September 1994 werdet Ihr im Bundesrat über das Magnetschwebebahn Planungsgesetz in der Fassung des Vermittlungsausschusses abzustimmen haben. Ich möchte Euch dringend bitten, den Gesetzentwurf abzulehnen oder die Beratungen solange zu vertagen, bis im Bundestag und im Bundesrat der Bedarf für den Bau bestimmter Magnetschwebebahn-Strecken festgestellt worden ist. Ich möchte Euch dafür folgende Gründe nennen: Nach Auffassung der Bundesregierung handelt es sich beim Magnetschwebebahn-Planungsgesetz nicht um ein abstraktes Gesetz, sondern um die konkrete Entscheidung über den Bau einer Strecke von Hamburg nach Berlin, wie Bundesverkehrsminister Wissmann im Anschluss an die Sitzung des Vermittlungsausschusses öffentlich erklärt hat."

Eckart Kuhlwein an den Bundesrat – vor allem an Hamburg

Eckart Kuhlwein hatte am 6. Juli 1994 in einer Presseerklärung die SPD-regierten Länder aufgefordert, den Transrapid in Bundesrat zu stoppen: Eine Billigung des im Bundestag gegen die Stimmen der SPD zustande gekommenen Gesetzes bedeute einen Blankoscheck für den Bau einer Strecke von Hamburg nach Berlin. Die Landesregierung in Kiel habe sich eindeutig festgelegt, dass diese Strecke verkehrspolitisch unsinnig ist. Es sei an der Zeit, die Nachbarn im Süden darauf aufmerksam zu machen, dass mit diesem Projekt nicht nur erhebliche Kosten für ÖPNV und Straßenanbindungen verbunden seien, sondern dass damit auf sehr lange Sicht Hamburg und Schleswig-Holstein vom europäischen Hochgeschwindigkeitsnetz der Eisenbahn abgeschnitten sein würden. Beides werde der Bund nämlich nicht bauen: Den Transrapid und eine ICE-Strecke.

Wenn (der Hamburger Bürgermeister) Henning Voscherau das für seine Stadt für erträglich halte, Schleswig-Holstein müsse es als unfreundlichen Akt empfinden. Vielleicht lasse sich jedoch der Hamburger Senat von der Tatsache beeindrucken,dass die Verbindung der beiden Metropolen in China, Schanghai und Peking, mit Unterstützung des Bundeskanzlers als ICE-Strecke und nicht etwas als Transrapid gebaut werden solle. Der ICE sei auch nach den Erklärungen von Herrn Kohl die „modernste Technik“ für eine solche Schnellbahntrasse. Wenn Hamburg darauf verzichtete, wäre das ein sicherer Schaden für das „Hoch im Norden“.

Eckart Kuhlwein versprach am 23. September 1994: Transrapid wird nach der Wahl gestoppt

Zur Entscheidung der Mehrheit des Bundesrates für ein Magnetschwebebahn-Planungsgesetz erklärte der SPD Bundestagsabgeordnete Eckart Kuhlwein vor dem Wahltag noch ganz mutig: Die SPD werde ihr Wort halten. Nach der Wahl am 16. Oktober gebe es mit ihr keine Transrapid-Strecke von Hamburg nach Berlin. Dafür gebe es eindeutige Erklärungen der künftig zuständigen Minister Gerhard Schröder und Oskar Lafontaine und eine klare Aussage im Regierungsprogramm. Die SPD-Bundestagsfraktion habe erst Anfang September im Bundestag die Planung abgelehnt.

Die Mehrheitsentscheidung des Bundesrates bedeute kein grünes Licht für eine bestimmte Strecke. Wenn SPD-regierte Länder dem Gesetz zugestimmt hätten, dann hätten sie offenbar die Beschlüsse der Partei nicht richtig gelesen oder Rücksicht auf heimische Koalitionspartner genommen. Kuhlwein begrüßte es, dass die schleswig-holsteinische Landesregierung das unsinnige Vorhaben erneut abgelehnt habe.

Der Bundestagsabgeordnete ergänzte, der Landesvorstand habe auf seinen Antrag hin die Landesregierung gebeten, schon jetzt alle rechtlichen Möglichkeiten zu prüfen, um den Bau des Transrapid zwischen Hamburg und Berlin zu verhindern. Dabei solle insbesondere geprüft werden, ob das Planungsgesetz und die darin vorgesehenen Planungsabläufe dem Grundgesetz entsprächen und welche Möglichkeiten Einzelne, Verbände und kommunale Gebietskörperschaften hätten, auf dem Rechtsweg gegen den Bau vorzugehen.

Mit einer Kurzintervention mischte sich Kuhlwein am 12. Oktober 1995 im Bundestag ein:

„Herr Kollege Röhl (FDP-Abgeordneter aus Berlin – EK), Berlin ist schön, und ich habe damals dafür gestimmt, dass Berlin als deutsche Hauptstadt Regierungssitz wird. Aber dass Zehntausende von Menschen aus Berlin oder aus Hamburg jeden Tag hin- und herfahren sollen, damit sich diese Strecke rentiert, vermag ich nicht nachzuvollziehen. Das ist eine Zumutung.

(Zustimmung bei der SPD)

Sie haben nichts darüber gesagt, ob es den **Bedarf** für diese Strecke gibt. Wir reden ja über ein Bedarfsgesetz.

(Zuruf von der CDU/CSU: Ausführlich hat er das gesagt!)

Beim Schienenwegeausbaugesetz wird der verkehrspolitische Bedarf festgestellt. Beim Fernstraßenausbaugesetz wird der verkehrspolitische Bedarf festgestellt. Hier wird über Technologie geredet, über Standortpolitik, über Industriepolitik. Ob es Bedarf für diese Strecke gibt, wo es doch eine Eisenbahnstrecke gibt, die Hamburg und Berlin verbindet, ist bisher nicht nachgewiesen worden. Das konnte uns auch der Bundesverkehrsminister heute im Haushaltsausschuss nicht sagen. Finanzpolitisch führt Ihr Experiment ins Chaos. Es birgt gewaltige finanzpolitische Risiken. Entweder wird es ein Grab für Dauersubventionen oder eine Bauruine auf Stelzen. Das hat dem Bundesverkehrsminister schon im Januar 1994 die Gruppe **Verkehrswirtschaft des** Wissenschaftlichen Beirats **beim Bundesminister für Verkehr** nachgewiesen. Die Zahlen sehen heute vermutlich eher noch etwas schlimmer aus. Ich will das wiederholen, was damals gesagt wurde:

1. Die in dem Betreibermodell durchgeführten Wirtschaftlichkeitsberechnungen basieren auf unrealistischen Annahmen.
2. Die für Ostdeutschland und Berlin zugrunde gelegten Entwicklungszahlen sind Zielprognosen, deren Eintreffen wenig wahrscheinlich ist.
3. Die Zahlen zum Fahrgastaufkommen einer Magnetschnellbahn entstammen einer inkonsistenten Kombination von „Bestfall-Annahmen".
4. Die Erlösrechnung basiert auf einer unzulässigen Verknüpfung von Preis und Absatz.
5. Notwendige Zusatzkosten, unter anderem für Verknüpfungseinrichtungen, wurden nicht berücksichtigt.
6. Die Wirtschaftlichkeitsberechnung wurde nicht netz-, sondern streckenbezogen durchgeführt.

Meine Damen und Herren, dieses Urteil ist vernichtend. Es gilt nach wie vor: Verzichten Sie auf dieses Projekt! Wir sollten aus Kalkar, aus dem Rhein-Main-Donau-Kanal, aus Wackersdorf gelernt haben: Bei Großprojekten, die aus staatlicher Großmannssucht entstanden sind, bewahrt nur rechtzeitige Umkehr vor Schaden.

Eckart Kuhlwein: Nein für die Landesgruppe am 9. Mai 1996

Für neun SPD-Abgeordnete aus Schleswig-Holstein hat heute der Bundestagsabgeordnete Eckart Kuhlwein im Bundestag folgende Erklärung zum Transrapid abgegeben:

"Wir, Abgeordnete der SPD aus Schleswig-Holstein, stimmen mit unserer Fraktion gegen die beiden Gesetze, die den Bau einer Transrapid-Strecke von Hamburg nach Berlin ermöglichen sollen. Dabei lassen wir uns von folgenden Gründen leiten:

1. Es gibt keinen Bedarf für diese Strecke, auch wenn sich die Mehrheit des Bundestages über die Feststellungen der meisten unabhängigen Sachverständigen und die Bedenken des Bundesrechnungshofes hinwegsetzt. Schwarz wird nicht weiß, auch wenn die Mehrheit des Bundestages dies in einem Gesetz beschließt.

2. Die geplante Transrapid-Strecke ist mit dem deutschen und europäischen Eisenbahnnetz nicht kompatibel. Die beiden größten deutschen Städte werden zur Sackgasse im europäischen Hochgeschwindigkeitsnetz in der Rad-Schiene-Technik. Dies hat auch für Schleswig-Holsteins Verbindungen nach Osten negative Folgen. Hamburg und Berlin brauchen keine Transrapid-Verbindung, sondern eine Strecke, auf der ein ICE verkehren kann. Der Transrapid wird auch den Luftverkehr zwischen Hamburg und Berlin nicht ersetzen.

3. Es handelt sich bei der Transrapid-Strecke Hamburg-Berlin um eine Referenzstrecke und nicht um die erste Anwendungsstrecke. Erklärtes Ziel der Mehrheit dieses Hauses ist es, den Transrapid damit exportfähig zu machen. Für eine Maßnahme der Wirtschaftsförderung soll zwischen Hamburg und Berlin ein breiter Streifen Landschaft zerstört werden. Dabei gibt es bisher keinerlei schlüssigen Nachweis dafür, dass irgendein Land auf der Welt das System kaufen würde, um in Deutschland Arbeitsplätze zu sichern.

4. Als Mitglieder dieses Parlaments sehen wir im heute zu verabschiedenden Text insbesondere des Magnetschwebebahnbedarfsgesetzes ein hohes verfassungsrechtliches Risiko. Da das Gesetz nichts über den Inhalt der geplanten Vereinbarung zwischen Bund und Privatwirtschaft sagt und nicht einmal die wesentlichen inhaltlichen Grundzüge festgeschrieben werden, wie das dem Bundestag in der Anhörung des Verkehrsausschusses vom 7. Februar 1996 empfohlen wurde, handelt es sich um einen Blankoscheck für die Regierung, der dieses Parlament und künftige Bundestage in unzulässiger Weise mit gewaltigen Milliardensummen finanzpolitisch bindet. Wer dafür die Hand hebt, muss sich im Klaren sein, dass er damit das Budgetrecht des Parlaments aufs Spiel setzt. Das letzte Wort dazu dürfte wahrscheinlich in Karlsruhe gesprochen werden. Wir jedenfalls fühlen uns durch die Mehrheit in unseren Rechten als Abgeordnete verletzt.

5. Die Mehrheit dieses Hauses redet seit Monaten vom Sparen, vom Abbau von Subventionen und notwendigen Einschnitten ins soziale Netz. Sie will heute mit ihrer Entscheidung zu diesen beiden Gesetzen einen neuen Subventionstatbestand schaffen, mit dem die nächste Generation in unserem Land mit weiteren gewaltigen Schulden für ein unwirtschaftliches und damit unsinniges Projekt belastet wird.

Sechs Abgeordnete der SPD-Landesgruppe Schleswig-Holstein: Antje-Marie Steen, Michael Bürsch, Eckart Kuhlwein, Franz Thönnes, Norbert Gansel und Ulrike Mehl. Kuhlwein gab für sie zur Abstimmung über den Transrapid Hamburg-Berlin eine Erklärung ab.

6. Die Abwägung zwischen verkehrspolitischen Notwendigkeiten und der Erhaltung einer intakten Umwelt kann manchmal zum Ergebnis haben, dass Eingriffe in Natur und Landschaft hingenommen werden müssen. Bei einer Transrapid-Strecke, die verkehrspolitisch nicht gebraucht wird, lassen sich solche Eingriffe auch nicht durch Mehrheitsbeschluss des Bundestages begründen."

Im Januar 1997 durfte Eckart Kuhlwein im Bundestag eine längere Rede halten: Herr Präsident! Meine sehr verehrten. Damen und Herren! Ich fand gut, dass der Kollege Jobst gesagt hat, für die Koalition sei der Transrapid kein Prestigeprojekt. Das gibt die Chance, wieder sachlich darüber zu diskutieren.

(Dr. Dionys Jobst [CDU/CSU]: Jederzeit!)

Das gibt Ihnen die Chance, Ihre Ideologie beiseite zu schieben und sich die Zahlen genauer anzugucken,

(Beifall bei der SPD sowie bei Abgeordneten des BÜNDNISSES 90/DIE GRÜNEN)

die heute bekanntgegeben worden sind und die wir wohl mehr oder weniger im April bestätigt bekommen werden.

Die Zahlen sehen so aus, dass das Leuchten, das der Bundesverkehrsminister früher immer in den Augen gehabt hat, wenn er vom Transrapid gesprochen hat, heute erheblich schwächer ist. Er strahlte nicht mehr so, sondern meldete Bedenken an, weil er gute Gründe hat und die Papiere auch noch besser kennt als wir, die diese Bedenken teilen.

Sie wussten, Herr Wissmann, dass Ihre Zahlen auf tönernen Stelzen - könnte man in diesem Zusammenhang sagen - standen. Aber Sie wollten ja nicht wahrhaben, was Ihnen viele Wissenschaftler, Naturschutzverbände, der Bundesrechnungshof und auch die Opposition in diesem Haus schon vor vielen Jahren vorgerechnet haben. Sie haben sich das in den letzten Jahren schlicht und einfach schöngerechnet. Aber, Herr Bundesverkehrsminister, die Zeit wird nicht kommen, in der jedes Jahr 14 bis 15 Millionen Menschen allein mit dem Transrapid zwischen Berlin und Hamburg hin- und her pesen, um eben einmal auf dem Kurfürstendamm flanieren zu gehen oder umgekehrt - auch das Beispiel ist schon genannt worden - das St.-Pauli-Theater zu besuchen.

Wir wissen, Herr Kollege Fischer (gemeint ist der Verkehrspolitiker der CDU aus Hamburg - E.K.), dass Reisen bildet. Aber angesichts der Wirtschafts-, Finanz- und Einkommenspolitik der letzten Jahre hat sich die Ausgangsbasis geändert. Ausgerechnet eine Partei, die in den letzten Jahren gepredigt hat, die Masseneinkommen müssten stagnieren oder sinken, damit der Standort Deutschland wieder gefestigt werde, will uns weismachen, dass im Jahre 2010 die Leute so reich sind, dass sie ihren Feierabend in einem türkischen Restaurant auf dem Ku'damm verbringen können, obwohl sie in einer Dreizimmerwohnung in einem Hochhaus in Hamburg-Mümmelmannsberg wohnen. Dazu wird es nicht kommen. Die Wachstumsraten, die Sie zugrunde gelegt haben, sind abenteuerlich gewesen.

Sie sollten sich damit abfinden, dass wirtschaftliches Rechnen auch auf der Linken dieses Hauses möglich ist und dass die Bürgerinitiativen, die am Anfang angetreten sind, um ein Projekt vor ihrer Haustür zu verhindern, von dem sie Lärm, Abgase und Baustellen über viele Jahre hinweg erwarten mussten, inzwischen eine sehr rationale verkehrs-, wirtschafts- und finanzpolitische Diskussion führen. Sie sagen überhaupt nicht mehr: „Transrapid ja, aber nicht in meinem Vorgarten!", sondern: „Transrapid zwischen Hamburg und Berlin ist Unsinn!"

(Beifall bei der SPD sowie bei Abgeordneten des BÜNDNISSES 90/DIE GRÜNEN)

Lassen Sie mich zum Schluss noch zwei Bemerkungen machen. Die erste: Herr Kollege Wissmann, ich habe noch einmal nachgesehen, was im Haushalt des Bundesministers für Bildung und Forschung für die Verkehrsforschung **Schiene** vorgesehen ist. Da sollen im Jahre 1997 über 90 Millionen DM für die endgültige Entwicklung dieses Stelzenmonsters ausgegeben werden und nur noch ganze 5,6 Millionen DM für die Rad-Schiene-Technik.

(Albert Schmidt [Hitzhofen] [BÜNDNIS 90/ DIE GRÜNEN]: So ist das!)

Ich frage Sie: Wo ist denn die Zukunftsfähigkeit einer Regierung, die etwas, was wir markt- und exportreif hätten, nicht mehr fördert und stattdessen Wolkenkuckuckseier ausbrütet?

(Beifall bei der SPD, dem BÜNDNIS 90/DIE GRÜNEN und der PDS)

Letzte Bemerkung. Herr Wissmann, kehren Sie um, bevor die ersten Milliarden in den Sand gesetzt sind! Verabschieden Sie sich von diesem Projekt! Wir können Ihnen versichern: Auch im Himmel der verkehrspolitischen Vernunft herrscht Freude über einen Sünder, der Buße tut.

Nun habe ich zwei wichtige Hinweise vergessen. Dem Hamburger Bürgermeister möchte ich dringend empfehlen, jetzt ganz schnell einen Antrag auf eine ICE-Verbindung zwischen Hamburg und Berlin zu stellen, weil der Transrapid abgefahren ist.

(Albert Schmidt [Hitzhofen] [BÜNDNIS 90/ DIE GRÜNEN]: Den haben wir schon gestellt, Herr Kollege!)

- Dem Hamburger Bürgermeister, meinem guten Freund Henning Voscherau, mit dem ich schon sehr oft darüber geredet habe.

(Dr. Dionys Jobst [CDU/CSU]: Der will doch den Transrapid!)

Das zweite ist: Für Gerhard Schröder habe ich Verständnis. Der braucht eine besondere Attraktion im Emsland, damit möglichst viele zur Expo gehen. Länderministerpräsidenten sind so: Die nehmen alles - Hauptsache, sie haben nichts dazubezahlt. Schönen Dank.

(Beifall bei der SPD, dem BÜNDNIS 90/DIE GRÜNEN und der PDS)

Noch im Juni 1998 erklären Eckart Kuhlwein und Reinhold Hiller für die schleswig-Holsteinischen SPD-Abgeordneten:

Finanzierung für Transrapid gescheitert

Zu den Berichten über eine Änderung der SPD-Position gegenüber der von der Bundesregierung geplanten Transrapid-Strecke Hamburg-Berlin erklären die schleswig-holsteinischen SPD-Bundestagsabgeordneten Eckart Kuhlwein (Haushaltsausschuss) und Reinhold Hiller (Verkehrsausschuss):

Die Frage, ob die Magnetschwebebahn "Transrapid" zwischen Hamburg und Berlin wirklich gebaut wird, wird im nächsten Bundestag entschieden. Die Haltung der SPD Bundestagsfraktion zu diesem Projekt hat sich nicht geändert. Sie hält diese Strecke nach wie vor für verkehrspolitisch unsinnig und deshalb auch nicht finanzierbar. Das hat sie am Mittwoch im Plenum des Bundestags deutlich gemacht. In einem Entschließungsantrag der SPD heißt es, das von der Bundesregierung vorgesehene Finanzierungs- und Realisierungskonzept für die Referenzstrecke Hamburg-Berlin "ist gescheitert".

Aktiver Mitstreiter gegen den Transrapid im Verkehrsausschuss: MdB Reinhold Hiller aus Lübeck.

Der SPD-Antrag fordert die Bundesregierung auf, keine überstürzten Vertragsabschlüsse zum Transrapid mit dem Industrie-Konsortium und der Deutschen Bahn AG vor der Bundestagswahl im September 98 einzugehen. Die SPD sieht die Gefahr eines langfristigen Abflusses von Investitionsmitteln aus dem Verkehrshaushalt und erheblicher Defizite bei der Bahn durch den Betrieb des Transrapid. Vor einer endgültigen Vertragsunterzeichnung soll der Bundestag noch einmal mit dem Transrapid befasst werden. Zu den bis heute offenen Punkten zählt die SPD-Fraktion die Rückzahlung des geplanten Darlehens des Bundes an die Deutsche Bahn, ein Instandsetzungs- und Wartungskonzept, die Frage der Verlustübernahme aus einem Betriebsausfall, die Risikoübernahme bei mangelnden Erlösen und die Vorlage eines schlüssigen Sicherheits- und Notfallkonzepts.

Wir können uns keine weitere Verschleuderung von Steuermitteln leisten. Die von der Bundesregierung bisher vorgesehene Finanzierung reduziert das Risiko der Privatwirtschaft auf ein Minimum. Das ist ein Beweis dafür, dass die Industrie den eigenen Zahlen für das künftige Passagieraufkommen nicht traut. Wir müssen verhindern, dass die große finanzielle Erblast der Regierung Kohl auch noch um Blanko-Schecks für den Transrapid angereichert wird.

Die Bundestagsfraktion weiß sich in ihrer Haltung mit entsprechenden Beschlüssen der Bundespartei einig. Erst auf dem Parteitag in Hannover im Dezember 1997 wurde mit großer Mehrheit folgender Beschluss gefasst:

'Die SPD lehnt das Projekt einer Transrapid-Verbindung zwischen Hamburg und Berlin ab. Stattdessen wird eine ICE-Strecke zwischen den beiden Großstädten in den Schienenwegeausbauplan des Bundes aufgenommen. Die SPD wird die beteiligte Industrie bei der Suche nach einer verkehrspolitisch sinnvollen, ökologisch vertretbaren und wirtschaftlich rentablen ersten Anwendungsstrecke für die Magnetschwebebahn Technik unterstützen. Öffentliche Mittel dürfen dafür nicht aufgebracht werden.'

Die schleswig-holsteinischen SPD-Bundestagsabgeordneten wissen, dass ihre Auffassung von der Landes-SPD, von der Landtagsfraktion und von der Landesregierung in Kiel geteilt wird. Sie werden sich weiterhin dafür einsetzen, dass die Transrapid-Strecke Hamburg-Berlin verhindert wird.

Aber im Bundestagswahlkampf 1998 kümmerte sich die Parteispitze nicht um die Beschlüsse der Bundestagsfraktion.

Am 5. September 1998 hatte Eckart Kuhlwein „die Schnauze voll“. Er beschwerte sich beim Kanzlerkandidaten Gerhard Schröder über ein Interview:

Lieber Gerhard,

„Deine unmissverständliche Äußerung im Interview mit der ‚Super-Illu‘ zum Thema Transrapid hat mich von den Socken gehauen. Es mag ja sein, dass Du Dich damit als technologiefreundlicher Innovator profilieren kannst, all denjenigen jedoch, die bisher unter Berufung auf Beschlüsse des Parteirats, auf den Parteitagsbeschluss von Hannover (Dezember 1997) und auf die Beschlüsse der Bundestagsfraktion öffentlich und ganz persönlich die Strecke Hamburg-Berlin abgelehnt haben, schadest Du in ihrer Glaubwürdigkeit.

Die geplante Trasse geht mitten durch meinen Wahlkreis. Mein Nachfolger wird jeden Tag danach gefragt. Er hatte bisher die Argumentation der Bundestagsfraktion vertreten, die Strecke sei verkehrspolitisch unsinnig und eine grandiose Fehlinvestition, weil es die den Wirtschaftlichkeitsberechnungen zugrunde gelegten Fahrgastzahlen niemals geben werde. Sie werde deshalb von der SPD abgelehnt. Er muss sich jetzt vorhalten lassen, dass er Blödsinn redet. Für die politische Konkurrenz ein gefundenes Fressen.

In der letzten Sitzung der Bundestagsfraktion vor der Sommerpause als Du uns Deinen Kandidaten für das Amt des Bundeswirtschaftsministers ans Herz gelegt hast, habe ich Dich nach Äußerungen zum Thema Transrapid in Rostock gefragt und auf die gut begründeten Beschlüsse der Fraktion zum Thema hingewiesen. Ich habe von Dir keine Antwort erhalten. Die Fraktion hat in derselben Sitzung ihre Position bestätigt und als Antrag zu einer Transrapid-Debatte in den Bundestag eingebracht. Das scheint Dich alles überhaupt nicht zu beeindrucken.

Wenn Du nach einer gewonnenen Bundestagswahl weiter so mit Partei und Fraktion umgehst, wirst Du wachsende Probleme mit der Partei bekommen.Auch ein Bundeskanzler braucht in wesentlichen Fragen Rückenwind bei den eigenen Freunden. Gute Inszenierungen mögen Wahlkämpfe gewinnen helfen, sie können verlässliche Beziehungen zwischen Basis und Gewählten nicht ersetzen.

Ich werde diesen Brief vor der Wahl nicht veröffentlichen, weil ich mir mit anderen vorgenommen habe, den Medien und dem politischen Gegner keine Argumente gegen die eigene Partei zu liefern. Das fällt nicht immer leicht. Es wäre schön gewesen, wenn solche Verlässlichkeit auf Gegenseitigkeit beruht hätte. In der Sache Transrapid wirst Du auch nach der Wahl in Partei und Fraktion auf Widerstand stoßen. Vielleicht hilft ja der bevorstehende „Kassensturz“ dabei, Dich dann auf einen vernünftigen Weg zu bringen. Oskar Lafontaine erhält eine Kopie dieses Schreibens.“

Der Transrapid soll nur eingleisig fahren
Aus der „Süddeutschen Zeitung“ vom 22. April 1999

Magnetschnellbahn sonst nicht mehr finanzierbar - Verfassungsgericht verlangt Auskunft

Damit das Geld für die Magnetschnellbahn Transrapid nicht ausgeht, wird neuerdings erwogen, die vorgesehene Strecke von Hamburg nach Berlin teilweise nur eingleisig zu bauen. Die Deutsche Bahn hat jetzt ermittelt, dass die von der Bundesregierung reservierten 6,1 Milliarden DM für eine durchgehend zweispurige Strecke nicht reichen. Zudem rechnet die Bahn mit deutlich weniger Fahrgästen als bisher prognostiziert.

Auf Wunsch der Bundesregierung untersuchen derzeit alle Beteiligten, wie teuer der Transrapid letztlich kommt, und ob das Vorhaben Sinn macht. Der Bund will für den Bau der Strecke die Spitzengeschwindigkeiten von 400 Stundenkilometern ermöglichen soll, maximal 6,1 Milliarden DM ausgeben. Das Eisenbahnbundesamt hat aber bereits im Herbst erklärt, dass dieser Betrag nicht genüge. Der Fahrweg werde in seiner bisher geplanten Form bis zu 8,9 Milliarden DM kosten, prognostizierte das Amt, das den Bahnverkehr beaufsichtigt. Zu einem ähnlichen Ergebnis kam inzwischen auch die Deutsche Bahn (DB), die den Transrapid betreiben soll.

Die DB geht nach internen Papieren von Kosten bis zu 8,2 Milliarden DM für die Trasse aus. Die vom Bund reservierten 6,1 Milliarden DM reichen laut DB nur dann aus, wenn die Strecke Hamburg-Berlin zu einem großen Teil einspurig gebaut wird und der Transrapid dann nicht mehr alle 20, sondern nur noch alle 30 Minuten fährt. Nach Einschätzung der Bahn ist außerdem die Annahme, dass jährlich zwischen 11,4 und 15,2 Millionen Passagiere den Transrapid benutzen würden nicht haltbar. Diese Prognose müsse um 28 Prozent nach unten korrigiert werden, heißt es deshalb.

Die Magnetschnellbahn-Planungsgesellschaft (MPG) bestätigt, dass aus Kostengrünen ein teilweise einspuriger Bau der Strecke erwogen werde. „Man muss auch in diese Richtung denken“, sagt MPG-Sprecher Peter Jablonski. Das sei „eines von vielen Szenarien“- Die MPG wird von Bund und Bahn, sowie Thyssen, Siemens und Adtranz (Daimler/Chrysler) getragen. Die drei Industrieunternehmen wollen die Transrapid-Züge auf eigene Kosten bauen. Die neuen Berechnungen der DB liegen auch dem Bonner Verkehrsministerium vor, das ebenso wie die Bahn die Papiere unter Verschluss hält. Der Bundestag muss jetzt aber informiert werden, damit er die Bitte des Bundesverfassungsgerichts erfüllen kann, die aktuellen Untersuchungen zu übermitteln. Das von der schleswig-holsteinischen Regierung angerufene Gericht prüft die gesetzlichen Grundlagen für den Transrapid.

Auf dem **Bundesparteitag im Dezember 1999** machte sich Eckart Kuhlwein in einer Rede noch einmal Luft:

„Das leidige Thema Transrapid verdient und erzwingt hier einige Bemerkungen. Ich weiß nicht, in wie vielen Gremien der Partei wir in den letzten Jahren beschlossen haben, dass der Transrapid auf der Strecke Hamburg-Berlin wirtschaftlicher Unsinn ist und deshalb nicht gebaut werden darf. Ich weiß auch nicht mehr, wie oft ich mich in dieser Frage auf Parteitagen, im Parteirat und früher in der Bundestagsfraktion schon zu Wort gemeldet habe. Ich weiß nur, dass die Bundesregierung beim Transrapid ein besonders gespanntes Verhältnis zu Parteibeschlüssen hat. Deshalb möchte ich, dass dieser Parteitag hier Klarheit schafft und dass die Bundesregierung sagt, wie es denn damit weiter gehen soll und was sie wirklich will.

Der Parteitag in Hannover vor zwei Jahren - vorangegangen waren bereits entsprechende Parteiratsbeschlüsse - hat mit großer Mehrheit - das sollte noch einmal zitiert werden, folgenden Beschluss gefasst:

> *„Die SPD lehnt das Projekt einer Transrapidverbindung zwischen Hamburg und Berlin ab. Stattdessen wird eine ICE-Strecke zwischen den beiden Großstädten in den Schienenwegeausbauplan aufgenommen. Die SPD wird die beteiligte Industrie bei der Suche nach einer verkehrspolitisch sinnvollen, ökologisch vertretbaren und wirtschaftlich rentablen ers-*

ten Anwendungsstrecke für die Magnetschwebebahntechnik unterstützen. Öffentliche Mittel dürfen dafür nicht aufgebracht werden.“

Ein ziemlich eindeutiger und klarer Beschluss, den wir in Hannover vor zwei Jahren gefasst haben. Die eigene Bundesregierung hat sich daran nicht gehalten. Es waren auch nicht die Grünen, die uns etwa gezwungen hätten, den Transrapid-Betreibern wenigstens jene 6,1 Milliarden DM in den Rachen zu werfen, die Kohl und Wissmann ihnen schon versprochen hatten. Nein, das waren unsere eigenen Genossen - und das, obwohl sie alle die Zahlen kennen mussten und gewusst haben, dass die Strecke zwischen Hamburg und Berlin zum Fass ohne Boden werden würde. Ich habe noch im Ohr. was ich in verschiedenen Debatten gesagt bekam: Wir wollen keine Bauruine, hieß es, obwohl noch nicht einmal der erste Spatenstich gemacht worden ist. Ferner wurde gesagt: Wir brauchen eine Referenzstrecke für die deutsche Industrie; sonst können wir das nicht exportieren. Heide Simonis hat dazu im Bundesrat einmal gesagt, dass, obwohl die Berliner Grundwasser trinken und nicht Meerwasser dafür entsalzen, Deutschland Weltmeister im Exportieren von Meerwasserentsalzungsanlagen ist. Der unmittelbare Zusammenhang zwischen der Anwendung in dem eigenen Lande und exportfähigen Technologien ist nicht so einfach, wie er hier immer dargestellt wurde.

Dann hieß es, die beiden Metropolen brauchten eine schnelle Verbindung, obwohl viel billigere ICE-Verbindungen, die nur 30 Minuten länger brauchen, bis heute noch nicht einmal ernsthaft geprüft worden sind.

Mit der Koalitionsvereinbarung hat der Bundesparteitag im Oktober 1998 in Bonn die Eckwerte für das Projekt gebilligt. Danach sollte es aus dem Bundeshaushalt keine einzige Mark mehr als 6,1 Milliarden - und zwar für eine geplante zweispurige Strecke - geben. Dann hat Franz Müntefering als scheidender Verkehrsminister plötzlich eine einspurige Trasse aus dem Hut gezaubert. Den vollen Betrag also für die halbe Leistung. Wenn so etwas Schule macht, dann braucht der Bund sich nicht zu wundern, wenn er nicht mit dem Geld auskommt. Die Verantwortung dafür soll jetzt auch noch bei der Bahn liegen, die mit der Modernisierung ihres ganz normalen Schienennetzes ganz andere Sorgen hat, die aber nach den vorliegenden Berechnungen den Transrapid mit 250 bis 300 Millionen DM jährlich aus ihrem übrigen Haushalt wird subventionieren müssen.

Jetzt kommt auch noch die Schnapsidee, den öffentlichen Zuschuss durch Bürgschaften aufzustocken - als ob nicht jeder wüsste, dass solche Bürgschaften bei diesem Projekt wirklich fällig werden, weil es sich vorn und hinten nicht rechnet. Außerdem würde die EU vermutlich erhebliche Einwendungen gegen eine solche Subventionierung haben.

Das alles passt nicht in eine Finanzpolitik, die nach dem Prinzip der Nachhaltigkeit die Belastung für künftige Generationen reduzieren will. Wer unseren Kindern eine Bauruine, aber gleichzeitig auch noch die Schulden dafür hinterlässt, stellt alle künftigen Sparoperationen in Frage.

Wir haben in Schleswig-Holstein, wo wir auch im Süden des Landes die Landtagswahl gewinnen wollen, das Gezerre satt. Wir möchten Klarheit, dass es bei der 6,1-Milliarden-Obergrenze für eine zweispurige Strecke bleibt, und wir wollen Klarheit, dass bei den Zahlen nicht geschummelt wird. Deshalb haben wir diesen Antrag gestellt.

Ich habe mich in der Antragskommission schweren Herzens breitschlagen lassen, einer Überweisung an die Bundestagsfraktion zuzustimmen - ich halte das jetzt auch aufrecht -, in der sicheren Erwartung, dass auch in dieser Frage dort - ich gucke insbesondere die Bundestagsabgeordneten an - Vernunft wie bei vielen anderen Entscheidungen regieren wird. Schönen Dank.

Thierse bekam 1998 Post aus Karlsruhe (nach Frankfurter Rundschau)

Bundestagspräsident Wolfgang Thierse hat Post vom Bundesverfassungsgericht bekommen. Die höchsten Richter bitten ihn – als den obersten Repräsentanten des Parlaments und nicht den Bonner Verkehrsminister als Vertreter der Regierung – um die Klärung von Ungereimtheiten bei Thema Transrapid. Auf ihrem Tisch liegt ein Antrag der Landesregierung von Schleswig-Holstein. Die Kieler wollen die Paragraphen eins und zwei des Magnetschwebebahnbedarfsgesetzes prüfen lassen, in denen es heißt: „Es besteht Bedarf für den Neubau einer Magnetbahnstrecke von Berlin nach Hamburg über Schwerin."

Als die Verfassungsrichter dem nachgingen, kamen ihnen Fragen, die der Parlamentspräsident jetzt beantworten soll. Sie weisen in dem der FR vorliegenden Brief darauf hin, dass der Bedarf für die Stelzenbahn aus dem Bundesverkehrswegeplan von 1992 abgeleitet worden ist. Die dort erstellte Prognose bis 2010 wurde damals besonders unsicher beurteilt, weil die Konsequenzen der deutschen Einheit und der Grenzöffnung zu den östlichen Nachbarländern schwer zu schätzen waren. Deshalb wurden die Analysen 1997 fortgeschrieben. Die aktualisierten Daten veranlassten die vorige Bundesregierung immerhin, ihr Finanzierungskonzept für den Schwebezug grundlegend zu ändern. Danach, so die Karlsruher Juristen, seien die „Verkehrs- und Erlösprognosen erneut aktualisiert" worden. Deshalb bitten sie um die neuesten Zahlen und Auskunft darüber „ob und gegebenenfalls auf welche Weise das Parlament mit den veränderten Gegebenheit befasst war, bzw. sich noch befassen wird"....

Die Verfassungsrichter weisen in ihrem Brief außerdem darauf hin, dass der Gesetzgeber seinen bei der Planung von Schienenstrecken und Fernstraßen unterstellten Bedarf nach fünf Jahren überprüft und, falls notwendig, verändert. Sie bitten Thierse darum, „mitzuteilen, ob eine vergleichbare Anpassungsentscheidung" auch beim Transrapid beabsichtigt sei und „gegebenenfalls Stellung zu nehmen"...

Der Aufstand in der Kommunalpolitik

Die in Schleswig-Holstein betroffenen zwei Landkreise – Stormarn und Herzogtum Lauenburg – und die Gemeinden an den beiden in Frage kommenden Trassen haben sich früh in die Debatten eingeschaltet. Und mit vielen stichhaltigen Argumenten – am Ende vor allem mit er Finanz- und Verkehrspolitik – den Transrapid Hamburg-Berlin abgelehnt. Unterstützt wurden sie dabei von vielen Bürgerinitiativen, die sich vernetzten und die volle Säle und große Demonstrationen garantierten. Die SPD übernahm in beiden Landkreisen die politische Meinungsführerschaft mit Anträgen in den Kreistagen und vielen Veranstaltungen. Eine besondere Rolle kam Ulrich Seibt vom BUND Lauenburg zu, der immer aufs Neue den Widerstand organisierte.

Der **Landrat des Kreises Stormarn** schrieb Anfang Mai 1994 an die MdBs aus Stormarn:

Sehr geehrte Damen und Herren,
Der Stormarner Kreistag lehnt eine TRANSRAPID-Strecke von Hamburg nach Berlin ab. Er hält die Magnetschnellbahn TRANSRAPID aus ökologischen, finanziellen und verkehrspolitischen Gründen für überflüssig. Der TRANSRAPID trägt nicht dazu bei, die akuten Verkehrsprobleme im dichtbesiedelten und durch Immissionen belasteten Südstormarner Raum zu lösen. Wegen der Einpendlerströme in die Metropole Hamburg aus dem Umland und den neuen Bundesländern sind vielmehr moderne Nahverkehrssysteme notwendig, um den Individual- und Güterverkehr auf der Straße zu vermindern. Dazu gehört unter anderem auch der Ausbau der Schienenwege nach Berlin und Lübeck.

Der Stormarner Kreistag lehnt es ab, sich an der von der Bundesregierung und der privaten Betreibergesellschaft vorausgesetzten Finanzierung zum Ausbau der für die Vernetzung des TRANSRAPID erforderlichen Verkehrsinfrastruktur-Maßnahmen wie Straßenbau und Anbindung an das Nahverkehrsnetz zu beteiligen. Bereits jetzt zeichnet sich ab, dass die vom Bund zur Verfügung gestellten Finanzmittel für die Neuordnung des ÖPNV nicht einmal dafür ausreichen werden, den erreichten Standard dauerhaft zu sichern.

Der Widerstand in den Trassen-Gemeinden war ungebrochen – Hamburger Abendblatt Juni 1996

Der Widerstand gegen den Transrapid ist ungebrochen. "Mit der Bundesratsentscheidung für den Transrapid mussten wir rechnen. Wir machen auf jeden Fall weiter", sagt Ulrich Seibt, Sprecher der Bürgerinitiativen im Kreis Herzogtum Lauenburg. Die schleswig-holsteinischen Gemeinden ziehen an einem Strang mit den Initiativen. 25 Kommunen entlang der sogenannten Nord-Trasse haben sich zu einem Verbund gegen die Magnetschwebebahn zusammengeschlossen. Sie wollen notfalls vor Gericht ziehen.

Die Gemeinden – darunter Oststeinbek, Glinde, Reinbek und Barsbüttel – lassen sich von einem Rechtsanwalt gemeinsam beraten. „Gemeinsam sind wir stärker", hofft der Glinder Stadtplanungsamts-Leiter Herbert Fürböter. „Wir werden uns heftigst gegen den Transrapid wehren".

Im Juli beginnt das Raumordnungsverfahren für die Trasse der High-Tech-Bahn. Dann wird festgelegt, auf welcher Strecke der Transrapid von 2005 an schweben wird. Die Magnetschwebebahn-Planungsgesellschaft favorisiert die Nord-Trasse entlang der Autobahn 24. Aber auch die Süd-Trasse durch Geesthachter Gebiet komme in Frage, so der Geschäftsführer der Planungsgesellschaft, Hans-Christoph Atzpodien. Vorsorglich haben sich auch die dort betroffenen Gemeinden zu einem Verbund mit Anwalt zusammengetan.

Mit im Verbund ist Börnsen, dessen Bürgermeister Walter Heisch ein entschiedener Transrapid-Gegner: "Wir haben ständig weniger Geld, um den Bürgern das Leben einfacher zu machen. Auf der anderen Seite wird ein überzogenes Projekt wie der Transrapid finanziert." Rechtsmittel können die Gemeinden aber erst beim Planfeststellungsverfahren einlegen. Ihr Hauptargument: Landschaftsverbrauch und Lärmbelästigung. Die Technik des High-Tech-Zuges sei zwar faszinierend, muss Dieter Weiß, Bürgermeister von Barsbüttel, zugeben. Aber die Gemeinde mit ihren 11 000 Einwohnern sei schon durch die A 1 und die A 24 belastet – "und jetzt auch noch der Transrapid". Der fährt zwar leiser als eine herkömmliche Bahn, bei 180 Stundenkilometern angeblich nicht lauter als eine S-Bahn. Aber mit zunehmender Geschwindigkeit steigt eben auch der Lärmpegel. "Wenn er unvorbereitet kommt, und Sie stehen in der Nähe, erschrecken Sie fürchterlich", sagt Weiß aus Erfahrung.

Die Transrapid-Gesellschaft plant nach Angaben ihres Geschäftsführers deshalb auf acht von insgesamt 292 Kilometer Streckenlänge Schallschutzwände. Thomas Link, Leiter der Tiefbauabteilung in Reinbek, ist dennoch optimistisch: "Sicherlich wird es beim Transrapid Zugeständnisse geben." Er setzt auf den Schulterschluss der Gemeinden und Bürgerinitiativen.

Die Bundesrechnung schließt eine Verdoppelung der Kosten für den Transrapid nicht aus. Das gibt den Transrapid-Gegnern Auftrieb, die davon ausgehen, dass die Kosten zu niedrig und die Fahrgastzahlen zu hoch kalkuliert sind.

Die hohe Zahl von Arbeitsplätzen, die durch die Magnetschwebebahn geschaffen wird, bezieht sich nur auf die Bauphase. Überdies werden die 5,6 Milliarden Mark, die der Bund für den Streckenbau zuschießt, aus anderen Haushaltstöpfen zusammengetragen. Das führe dort, so die Transrapid-Gegner, zu einem Abbau von Arbeitsplätzen. Skeptiker befürchten, dass viele Autofahrer durch die Kosten von 80 bis 90 Mark pro Transrapid-Fahrt davon abgehalten werden, auf das umweltfreundlichere Verkehrsmittel umzusteigen. Außerdem zerschneide die Trasse wertvolle Naturräume.

Glinde machte am 10. März 93 mobil

Laut „Bergedorfer Zeitung"
Empört waren viele der etwa 150 Menschen, die am Montagabend ins Bürgerhaus gekommen waren: Vehement lehnten sie die geplante Trasse für die Magnetschwebebahn Transrapid von Hamburg nach Berlin entlang der Autobahn A 24 ab. „Die Lärmbelästigung ist für uns schon durch die Autobahn sehr hoch. Man kann mit uns nicht machen, was man will", kritisierte ein Bürger.

Auf Einladung der SPD-Kreisverbände Stormarn und Lauenburg beantworteten Peer Steinbrück, Staatssekretär im Kieler Ministerium für Wirtschaft und Verkehr, und Klaus-Peter Puls, SPD-Landtagsabgeordneter aus Reinbek, Fragen der Zuhörer.

Steinbrück beteuerte, dass der Landesregierung keine konkreten Trassenführungen bekannt seien. Bislang verhalte sich die Regierung zurückhaltend. Der Staatssekretär: „In Kiel will man dem Projekt nur zustimmen, wenn die private Finanzierung gesichert ist. Das ist nicht absehbar." Man müsse jedoch abwägen, ob der technologische Wettbewerbsvorteil für die deutsche Wirtschaft das Projekt nicht rechtfertige. „Der Transrapid wird nur verkauft werden können, wenn man ihn hier vorführen kann", meinte er. Laut Steinbrück sei die Lärmbelästigung durch den Transrapid kein Grund, das Projekt abzulehnen.

Puls kritisierte dieses Argument: „Warum sollen die Südstormarner Versuchskaninchen für die Export-Industrie sein?" In der dicht besiedelten Bundesrepublik gebe es durch den Transrapid keinen Zeitvorteil. Technische Bedenken und Zweifel an der Wirtschaftlichkeit seien nicht ausgeräumt. „Die SPD-Landtagsfraktion will sich deshalb dafür einsetzen, dass der Transrapid aus dem Bundesverkehrswegeplan gestrichen wird“, versprach Puls.

Vielen Glinder Bürgern sprach der Sozialdemokrat aus dem Herzen. Sie befürchten, dass eine zusätzliche Lärmbelästigung ihre Gesundheit gefährdet...Steinbrück wiegelte ab: „Ich glaube hier wird dramatisiert.“ Eine Entscheidung sei noch lange nicht gefallen. Erst in zehn bis zwölf Jahren, so versicherte er, würde gegebenenfalls mit dem Bau begonnen.

Die Stadt Glinde fasste am 9. Dezember 1993 einen Beschluss:

Die Stadt Glinde protestiert gegen den Beschluss der Bundesregierung, an dem Bau einer Transrapid-Strecke zwischen Hamburg und Berlin über Glinde festzuhalten und in die konkrete Planung einzutreten.
1. Die Stadt Glinde fordert die Landesregierung auf, im Rahmen ihrer Möglichkeiten offensiv und nachdrücklich darauf hinzuwirken, dass das Projekt nicht realisiert wird.

2. Die Stadt Glinde ist sich mit Verkehrsfachleuten, Bürgerinitiativen und Umweltschutzverbänden darin einig, dass der Bau einer Transrapid-Strecke zwischen Hamburg und Berlin aus verkehrspolitischen, ökonomischen und ökologischen Gründen abzulehnen ist.

Der Protest in Glinde hielt an

Die Stimmung in Glinde war gereizt. "Muss Glinde auch noch mit zusätzlichem Lärm gebeutelt werden? Wenn der Wind ungünstig steht, ist es wegen der Autobahn schon laut genug in meiner Wohnung", schimpfte Renate Müller und folgte dem Protestmarsch der Transrapid-Gegner über die Möllner Landstraße zum Markt. Mehr als 300 Glinder zeigten am Wochenende in der City, dass sie ihren Kampf gegen den schnellen Schweber noch nicht aufgegeben haben. Dass der Bundesrat am vergangenen Freitag als letzte politische Instanz grünes Licht für den Transrapid gegeben hatte, steigerte den Ehrgeiz der Protestierer noch.

Sogar Bismarck demonstrierte mit 3000 Teilnehmern im September 1996 in Glinde

(nach dpa) – Mehrere tausend Menschen aus Schleswig-Holstein, Hamburg und Mecklenburg-Vorpommern demonstrierten gegen den geplanten Bau des Transrapid zwischen Berlin und Hamburg. Treffen wollten sie sich in Glinde (SH). Auch dort soll die 2005 fertig gebaute Magnetschwebebahn mit 400 Kilometern pro Stunde vorbeibrausen. Die Bewohner und Bewohnerinnen fürchten den Lärm und die Naturzerstörung durch die Stelzenbahn.

Geplant war der Aufritt des Urenkels des „Eisernen Kanzlers" nicht. Doch nachdem der Allermöher Pastor Hans-Jürgen Preuß den Fürsten Ferdinand von Bismarck als Verfechter des St. Florian-Prinzips geoutet hatte, ließ es sich der 65jährig nicht nehmen, Lernprozesse kundzutun. Er sei inzwischen nicht nur gegen eine Transrapid-Trasse durch seinen schönen Sachsenwald, sondern gegen den Bau der Strecke überhaupt.

Rund 3.000 Demonstranten aus Schleswig-Holstein, Mecklenburg und Hamburg, die sich am Sonntag auf dem Glinde Marktplatz versammelt hatten, quittierten die Worte des geläuterten Fürsten mit gefälligem Applaus.

Eine weitere Neuigkeit hatte Rainder Steenblock, grüner Umweltminister er schleswig-holsteinischen Landesregierung kundzutun: Er sei sich sicher, dass die Kieler Koalition am 2. Oktober beschließen werde, gegen das Transrapid-Bedarfsgesetz eine Normenkontrollklage vor dem Bundesverfassungsgericht in Karlsruhe einzureichen. Passiere das wider Erwarten nicht, prophezeite Steenblock, habe das rot-grüne Kabinett in Schleswig-Holstein „seine erste schwere Koalitionskrise".

Anmerkung des Verfassers, der an den Koalitionsverhandlungen für den Landesvorstand der SPD teilgenommen hatte: Im rot-grünen Koalitionsvertrag vom Mai 1996 gab es eine eindeutige Aussage zum Transrapid:

„Die Landesregierung setzt sich für eine Eisenbahnverbindung Hamburg-Berlin mit Hochgeschwindigkeitszügen ein. Sie lehnt die Errichtung einer Transrapid-Strecke ab und wird nach Verabschiedung des Magnetschwebebahnbedarfsgesetzes durch den Deutschen Bundestag den Antrag eines Normenkontrollverfahrens beim Bundesverfassungsgericht prüfen.“

Lebhafte Kritik aus der Region in der **Antragskonferenz am 11. Oktober 1995 in Geesthacht** mit der Landesplanungsbehörde Schleswig-Holstein – aus dem Protokoll:
In der Diskussion traten 26 Redner auf, die Interessen aus der betroffenen Region zum Ausdruck brachten. Von sechs Vertretern der Vorhabensträgerin wurde im Verlaufe der Diskussion auf Anfragen und Hinweise mehrmals eingegangen. Die Meinungsäußerungen der Teilnehmer aus der Region betrafen zwei Problembereiche:

1. Stellungnahme zum Vorhaben generell: Alle Redner aus der Region **und der Chef der Staatskanzlei** äußerten sich kritisch bzw. ablehnend zu Streckenführungen des Transrapid durch Schleswig-Holstein. Die vollständigen Statements und Einwände sind im Wortprotokoll enthalten.

2. Hinweise und Fragen zu ökologischen Risiken und zum Untersuchungsrahmen. Von mehreren Rednern wurde in Ergänzung zu ihren mündlichen Ausführungen die Nachreichung schriftlicher Stellungnahmen angekündigt.

Hinweise und Fragen aus der Region

Herr **Husmann,** 1. Stadtrat Geesthacht

Der Südkorridor berühre ein ehemaliges Landschaftsschutzgebiet, dessen Schutzstatus aus formellen Gründen aufgehoben wurde. Es würden die Naturschutzgebiete Besenhorster Sandberge und die Elbsandwiesen, eine Reihe von Biotopen sowie die Linau-Niederung betroffen. Aus ökologischer Sicht gelte dem Elbhang besondere Aufmerksamkeit. Die Niederungen und Marschwiesen seien gebietsprägend.

Herr **Kröpelin,** Landrat des Kreises Herzogtum Lauenburg zweifelte an, dass der Raum in den ausgesonderten Großkorridoren weniger empfindlich sei als die dazwischen liegenden Räume. Der Landkreis sei bereits durch Großprojekte wie A24, neue Stromtrasse, Ausbau der Eisenbahn ab Hamburg und im nördlichen Teil durch die neue A20 belastet.

Herr Marquardt, BUND, warf die grundsätzliche Frage zur Verfahrensweise auf und forderte einen Zeitrahmen, in dem es dem BUND möglich sei, vernünftige planungsrelevante Unterlagen zu liefern. Es wird die Verfahrensdurchführung nach § 5 des UVPG angemahnt.

Herr Janicki, Bürgermeister der Gemeinde Elmenhorst, warf die Frage auf nach den Waldschneisen für den Transrapid-Fahrweg hinsichtlich Schneisenbreite unter Beachtung von Windbruch, Schneisenbreite unter Beachtung von Waldbränden, brennbarer Waldboden unter der Transrapid-Fahrbahn müsste ausgetauscht werden. Die den Transrapid-Fahrweg begleitenden Straßen links und rechts, um im Notfall Krankenwagen und Notärzten sowie Bussen zum Abtransport der evakuierten Fahrgäste den Zugang zu ermöglichen und fragte auch nach Landesplätzen für Rettungshubschrauber im Ernstfall.

Rechtsanwalt Haack sprach als Anwalt mehrerer Städte, Ämter und Gemeinden, die im Bereich des Nordkorridors liegen. Er bezweifelte, dass der vorliegende Untersuchungsrahmen eine vernünftige Umweltverträglichkeitsuntersuchung zulasse. Dazu wurde auf "Ungereimtheiten" in den Unterlagen hingewiesen: Es fehlten Aussagen zum Bahnhof, zu Parkplätzen und zur verkehrlichen Erschließung, zu notwendigen Hochspannungstrassen, zur Korridorbreite und zu den Schutzabständen für Immissionen.

Ulrich Seibt von der BUND-Kreisgruppe Herzogtum Lauenburg (rechts im Bild bei einer Demonstration mit Sozialdemokraten in Büchen) forderte dazu auf, die Alternative Bahn umfassend zu prüfen und vergleichende Betrachtungen zum Transrapid anzustellen. Sämtliche Auswirkungen auf Umwelt- und Ressourcenschutz müssten überprüft und der Klimaschutz besonders berücksichtigt werden. Die verkehrserzeugende Wirkung des Transrapid hinsichtlich des Individualverkehrs an den müsse dargestellt werden.

Ulrich Seibt (BUND - rechts) mit Eckart Kuhlwein, Jürgen Holst (links) und Reiner Kiehn bei einer Demonstration in Büchen

Herr **Trede,** der stellvertretende Bürgermeister von Talkau, forderte vergleichende Verkehrsprognosen für den Planfall Transrapid und einen Vergleichsfall ICE-Ausbau mit 200 km/h inklusive Nutzen-Kostenrechnung. Die Anbindung des Regionalverkehrs an die Haltepunkte müsse konkret festgelegt werden. Welche Schäden seien durch Baustraßen oder Schwertransporte zu erwarten, blieben die Baustraßen für mobile Rettungsstationen bestehen und gebe es ggf. ein Rückbaukonzept?

Herr **Busch,** der Bürgermeister von Glinde, fragte nach dem Bedarfsnachweis. Er machte darauf aufmerksam, dass im Ballungsraum Hamburg und somit auch im Bereich der Stadt Glinde eine hohe Siedlungs- und Bevölkerungsdichte mit nur wenigen Freiräumen als Naherholungsbereich existiere. Deshalb müsse eine individuelle und nicht pauschale Betrachtung der Freiräume in den Siedlungsräumen vorgenommen werden.

Herr **Augustin,** der stellvertretende Bürgermeister aus Hornbek, protestierte gegen eine Abstufung von Siedlungsflächen, festgestellten Naturschutzgebieten, Biotopkomplex-Landschaften und Feuchtbiotopverbünden im Gemeindegebiet in der Raumwiderstandsklasse. Die Naturschutzgebiete südlich der A 24, ca. 15 Biotopkomplexlandschaften jeweils einen km links und rechts der A 24, sowie Rote-Liste-Pflanzen würden die Herabstufung verbieten. Hingewiesen wurde auf das Naturschutzgebiet Trendelmoor, in dem Kraniche brüteten.

Amtsvorsteher Straßburg vom Amt Hohe Elbgeest erklärte, die Zeit habe nicht ausgereicht, vernünftige Stellungnahmen zu entwickeln. Zusammen mit den Bürgermeistern der acht Gemeinden des Amtes werde noch eine Stellungnahme vorgelegt.

Frau **Kröger** von der Bürgerinitiative Escheburg fragte nach Lärmuntersuchungen beim Gegenverkehr, und ob es dann einen Überschallknall gebe. Sie beantragte, eine solche Prüfung vor dem Bau der Transrapidstrecke vorzunehmen.

Herr **Eissing,** Kreisumweltamt Stormarn, wies auf die mehrseitige Stellungnahme des Kreises hin, die sich zum Teil inhaltlich mit den zuvor abgegebenen Stellungnahmen decke. Besonders wichtig seien Antworten auf die Entwicklung des Verkehrs bei einem möglichen Haltepunkt außerhalb Hamburgs. Da die bisherigen Nahverkehrsangebote für Pendler von und nach Hamburg zu Spitzenzeiten heute schon nicht ausreichten und durch einen Haltepunkt weitere Belastungen entstünden, werde ein erheblicher Ausbau des Nahverkehrs erforderlich. Es werde befürchtet, dass dieser Ausbau durch die Finanzierungsmöglichkeiten des Transrapid nicht abgedeckt sei und dann die Kreise als Träger des Nahverkehrs die Kosten zu übernehmen haben.

Herr Linke, Bürgermeister von Börnsen, forderte genaue Untersuchungen zur Lärmwirkung auf die Menschliche Gesundheit. Weiter wünschte er eine Untersuchung für den Fall, dass sich der Transrapid als unwirtschaftlich erweisen sollte, wie dann die Strecke demontiert und die ökologischen Schäden beseitigt würden. Die eventuellen Folgekosten für eine Entsorgung der gesamten Anlage sollten ermittelt werden.

Herr **Weber,** Naturschutzbund Deutschland

Die Komplexität des Untersuchungsraums erfordert längere Untersuchungsräume von mindestens einem Jahr bzw. eine vollständige Vegetationsperiode. Die vorliegenden Untersuchungen zu Amphibien und zur Avi-Fauna reichten zum Beispiel nicht aus. Nur in der Kombination mehrerer Tiergruppen (mindestens 5- bis 7), die im Rahmen anerkannter Methoden vollständig erfasst werden müssen, könne die Fauna des Untersuchungsgebietes näherungsweise beschrieben werden. Es sei anzugeben, warum die ausgewählten Tiergruppen für das Untersuchungsgebiet repräsentativ sind. Bei der Auswahl müssten die unterschiedlichen Raumansprüche und eine geschlossene Nahrungskette für die ausgesuchten Tiergruppen abgedeckt werden.

Frau **Lehmann,** Kreisumweltamt Herzogtum Lauenburg, fragte, warum der Suchraum Niedersachsen nicht mehr in Frage komme. Es sollte die kürzeste Strecke angestrebt werden. Sei die Anfahrt von Schwerin so zwingend, dass auch eine längere Strecke in Kauf genommen werden müsse? Und warum sei kein Fachgutachten Ornithologie in Auftrag gegeben worden?

Die Antworten auf die Fragen blieben ziemlich nichtssagend

Herr **Fechner,** Geschäftsführer der MPG:

Er bedankte sich für die vielen Hinweise, Meinungen und Fragen und sicherte zu, dass diese im Verlaufe der Erarbeitung der ROV-Unterlagen berücksichtigt werden.
Er betonte wiederholt, dass die vorgelegten Unterlagen nur dazu dienen, allen Beteiligten und Betroffenen aufzuzeigen, was und wie erarbeitet werden soll, um nach den geltenden Gesetzen, Richtlinien und Verordnungen die Unterlagen zu erstellen, die für ein Raumordnungsverfahren vorzulegen sind. Da die derzeitig den Teilnehmern bekannten Unterlagen also nur den Arbeitsrahmen abstecken, können diese auf die zahlreichen Fragen nach den Ergebnissen noch keine Antwort abgeben. Das wird erst mit den auszuarbeitenden ROV-Unterlagen möglich sein. Die Sachfragen zur Aufgabenstellung, Prognose, zum Betriebsprogramm, zur Dimensionierung und selbstverständlich zu allen Belangen der Umweltverträglichkeits- und Raumverträglichkeitsuntersuchung werden in die ROV-Unterlagen einbezogen.

In den für die Antragskonferenz vorgelegten Unterlagen zum Untersuchungsrahmen ist bei der kritisierten Plankarte ein drucktechnisches Missgeschick passiert, für die Hinweise darauf wurde gedankt. Hinsichtlich der Fragen zum Bedarfsnachweis wurde erläutert, dass die bisherigen Bedarfsgrößen vom Büro Rothengatter nicht infrage zu stellen sind, sondern noch überschritten werden.

Herr **Junne,** Bundesministerium für Verkehr:

Junne bezog sich auf die Darstellung der gesetzgeberischen Lage, in das Elemente der Verkehrswegeplan-Beschleunigungsgesetzes eingeflossen seien, um da Verfahren praktikabler zu machen.

- Magnetschwebebahngesetz als Äquivalent zum allgemeinen Eisenbahngesetz,
- Magnetschwebebahnbedarfsgesetz,
- Magnetschwebebahn-Bau- und –Betriebsordnung (in Vorbereitung)

- Verordnung zur Schallproblematik beim Transrapid mit Berechnungsvorschriften für den Schall Transrapid in Ergänzung zum Bundesimmissionsgesetz-

Er verwies auf die exportwirtschaftliche Bedeutung des Transrapid und von daher auf die Notwendigkeit, eine Referenzstrecke vorzuhalten, um glaubwürdig zu sein. Die entgegenstehende Einschätzung des Wissenschaftlichen Beirates beim BMV, sah er als widerlegt an, betonte im Übrigen den politischen Charakter der anderslautenden Entscheidung des BMV.

Herr **Wiest,** Büro Obermeyer
Wiest ging auf die Abgrenzung der Korridore ein, wozu eine fünf Bände umfassende Dokumentation vorliege. An den Ländergrenzen werde die Abstimmung zur Überlappung und zu den Gelenk- bzw. Übergabepunkten als ganz wichtige und entscheidende Aufgabe behandelt. In den Unterlagen sei vorgesehen, den Planungsnullfall und großräumige alternativen unter dem Aspekt der geprüften Vorhabensalternativen und Darstellung der wesentlichen Auswahlgrüne zu behandeln.

Für Schleswig-Holstein gebe es durch die Anbindung von Schwerin keine Vorprogrammierung des Nordkorridors. Durch die Übergangsmöglichkeiten von Süd nach Nord kann man auch aus dem Südkorridor nach Schwerin gelangen. Die Korridorbreiten zur Ermittlung der Lärmbelästigung seien nicht auf 300 m beschränkt, vielmehr müsse so weit ermittelt werden, wie die Grenzwertüberschreitungen reichten. Die während der Bauzeit erforderlichen Baustraßen würden als baubedingte Wirkungen in der Umweltverträglichkeitsuntersuchung behandelt.

Dr. Söllner, Büro WIB
Die angesprochenen Freiräume in den bebauten Bereichen (insbesondere Hamburger Umland) würden individuell entsprechend den Erfordernissen untersucht. Zum Thema Maßstab kam die Forderung, die Kartierungen detaillierter als 1:10.000, möglichst 1:1.000 vorzunehmen. Es sei in der Planungspraxis der Bundesrepublik unüblich, auf der Ebene des Raumordnungsverfahrens mit Planungsmaßstäben

1:1.000 zu arbeiten. Das erfolge erst auf der Ebene der Planfeststellung, wenn es um die konkrete Linie und deren Genehmigung gehe. Dann müsse u.U. sogar mit 1:500 gearbeitet werden.

Aus der neuen Verfahrensordnung zur Umweltverträglichkeitsanalyse ist zu entnehmen, dass für vergleichende Untersuchungen von Trassenvarianten (was hier der Fall sei) die ökologische Risikoanalyse ein geeignetes Instrumentarium seil. Das Problem der Vorbelastung bei bestehenden Autobahnen bzw. Verkehrslinien bestehe zunächst in der Phase der Großkorridorfindung, um zu sehen, wie man mit solchen Vorbelastungen umgehen könne. Dabei sei überlegt worden, wie man aus planerischer Sicht die Trassenführung sinnvoll mit bestehenden Vorbelastungen bündeln könne, anstatt vollkommene Neuzerschneidungen durch hochsensible Bereiche vorzunehmen. Dazu habe es Gespräche mit dem Arbeitskreis der obersten Landesplanungsbehörde gegeben. Die Planung der Energietrassen sei fester Bestandteil dieses Raumordnungsverfahrens.

Die geforderte Darstellung der Trassen im Maßstab 1:200.000 könne zum gegenwärtigen Zeitpunkt aus planerischer Sicht noch nicht erfolgen, sondern erst dann, wenn die vorgesehenen Bestandserhebungen entsprechend des Untersuchungsrahmens detailliert in den Grobkorridoren erfolgen wird.

Bei der angesprochenen Raumverträglichkeitsuntersuchung würden die Sachgebiete, soziale Infrastruktur, Bevölkerung und Wohnen im Sinne der Raumordnung untersucht, d.h. welche Anforderungen das Projekt Transrapid z.B. an die Wohninfrastruktur, an den Arbeitsmarkt, an Krankenhäuser, Altersheime, Schulen usw. stelle.

Herr **Dr. Hermann,** Büro Obermeyer, zu den schalltechnischen Untersuchungen: Bei Zugbegegnungen sei kein Überschall-Knall zu befürchten.

Herr **Miller,** Firma Thyssen/Henschel:
Die Schallmessungen an der Versuchsanlage Emsland wurden von unabhängigen Büros und nicht vom Entwickler durchgeführt. Gemessen wurde ein Spitzenpegel von 90 dBA bei 400 km/h im 25m-

Abstand. Bei einem 200-m-Abstand wurden 75 bis 77 dBA gemessen. Die Simulation Zugbegegnungen in der Versuchsanlage brachte keine kritischen Situationen. Hinsichtlich der elektrischen Felder wurden Untersuchungen über den gesamten relevanten Frequenzbereich durchgeführt. Das Ergebnis besage, dass die Feldwirkungen in wesentlichen Bereichen kleiner, aber in keinem Bereich größer als bei konventionellen spurgebundenen Verkehrssystemen seien. Ein Sicherheitskonzept sei erarbeitet und werde jetzt detailliert geprüft. Die vernünftigsten Maßnahmen mit dem höchsten Sicherheitsniveau würden ausgesucht.

Herr **Müller-Pfannenstiel,** Büro Froelich und Sporbeck
Das Büro F&S ist verantwortlich für die Biotoptypenkartierung und die Koordination der faunistischen Untersuchungen im Rahmen der UVU zum Rumordnungsverfahren. Die Biotoptypenkartierung erfolgt für alle Flächenländer im Maßstab 1:10.000, nur in Schleswig-Holstein lagen Arbeitskarten im Maßstab 1:5.000 vor, so dass eine 5.000er Biotoptypenkartierung erfolgen konnte. Zum faunistischen Untersuchungsprogramm gab es Abstimmungen mit den Naturschutzministerien. Im Zuge eines Raumordnungsverfahrens werde es für nicht realisierbar gehalten, 5 bis 7 Tiergruppen zu untersuchen.

Eine Beschränkung auf die Tierart „Vögel", die räumlich funktionale Beziehungen aufzeigen könne, oder auf Amphibien als bodengebundene Tierart, gestatte im Zuge des ROV die auftretenden Umweltauswirkungen so zu beurteilen, dass man einen qualitativ hochwertigen Variantenvergleich durchführen und auf Auswirkungen in der Tierwelt hinweisen könne. Die faunistischen Kartierungen seien in einem Raster von 250x250 m durchgeführt worden. Zu den Ausgleichs- und Ersatzmaßnahmen seien auf der Planungsebene UVU zum ROV noch keine räumlich konkreten Aussagen notwendig, grundsätzliche Anmerkungen zur Ausgleichbarkeit der Beeinträchtigungen werden entsprechend des Untersuchungsrahmens gebracht.

Moderation
Im Verlaufe der Diskussion und zum Abschluss der Veranstaltung wurde vom Moderator, Herrn Staatssekretär Gärtner, auf den Charakter der Antragskonferenz als Behördentermin und auf den Verfahrensablauf bis zum Raumordnungsverfahren hingewiesen. Die Veran-

staltungsteilnehmer wurden wiederholt aufgefordert, ihre sachlichen Hinweis, Argumente und Forderungen vorzutragen. Die Annahme der nachträglich eingehenden schriftlichen Stellungnahmen wurde ausdrücklich zugesichert.

Schließlich verwies Herr Gärtner darauf hin, dass wir uns erst in der Phase der Erarbeitung der Unterlagen für ein Raumordnungsverfahren befänden. Über die Anforderungen an die vorzulegenden Unterlagen für das Raumordnungsverfahren entscheide die Landesplanungsbehörde unter Berücksichtigung aller bis ca. Mitte November eingehenden Stellungnahmen.

Ein Flugblatt der SPD 1994 in Barsbüttel

Die SPD in Barsbüttel, wo der Transrapid auf einer „Nordtrasse" mit der Bundesautobahn A 1 die Gemeinde kreuzen sollte, ging auf die Barrikaden. In einem Flugblatte nahm sie Stellung und berichtete über die Bemühungen der SPD auf allen Ebenen:

„Mit Bestürzung, Verärgerung und Enttäuschung haben wir den Beschluss der Bundesregierung, den Transrapid zwischen Hamburg und Berlin zu bauen, zur Kenntnis genommen. Wir möchten mit allen, die dieses unsinnige Projekt weiterhin verhindern wollen, gemeinsam den Widerstand verstärken.

Die Position der SPD in der Gemeindevertretung (3.3.1994)
Der Antrag der SPD-Fraktion wurde mit Mehrheit angenommen, Widerspruch kam von einem Teil der CDU, die FDP war abwesend. Der Antrag im Wortlaut:

"Die Gemeindevertretung Barsbüttel protestiert gegen den Beschluss der Bundesregierung, an dem Bau der Transrapidstrecke zwischen Hamburg und Berlin festzuhalten. Die Gemeindevertretung Barsbüttel fordert die Landesregierung auf, im Rahmen ihrer Möglichkeiten offensiv und nachdrücklich darauf hinzuwirken, dass das Projekt Transrapid nicht realisiert wird. Die Gemeindevertretung Barsbüttel ist sich mit Verkehrsfachleuten, Bürgerinitiativen und Umweltschutzverbänden darin einig, dass der Bau einer Transrapidstrecke zwischen Hamburg und Berlin aus verkehrspolitischen, ökonomischen und ökologischen Gründen abzulehnen ist."

Aus dem Kreistag Stormarn (24.2.1994)
Der Antrag der SPD-Fraktion wurde abgelehnt, weil FDP und CDU geschlossen dagegen stimmten. Der Antrag im Wortlaut:

"Aus Fürsorge für die im Südstormarner Raum wohnenden Menschen lehnt der Stormarner Kreistag den Bau einer Magnetschnellbahn-Strecke ("Transrapid") zwischen Hamburg und Berlin aus ökologischen, verkehrspolitischen und finanziellen Gründen ab. Der Stormarner Kreistag fordert die Bundesregierung auf, die Planungen unverzüglich zu stoppen."
Nach der Wahl werden wir den Antrag erneut stellen. Geben Sie uns die Mehrheit im Kreistag, damit der Antrag dann beschlossen wird.

Aus der Landesregierung
Die SPD-Landesregierung von Schleswig-Holstein mit Ministerpräsidentin Heide Simonis lehnt die Transrapidstrecke Hamburg-Berlin ab.“

In Glinde denkt man nicht nur an den eigenen Vorgarten (aus der Bergedorfer Zeitung):

Die Bürgerinitiative Transrapid lässt nicht locker. Die Transrapid-Gegner sammeln von nächster Woche an Unterschriften gegen die geplante Trasse Harnburg-Berlin - denn die Magnetschwebebahn soll auch nördlich von Glinde vorbeirauschen. "Uns Anwohner hat zuerst nur der Lärm gestört, der zusätzlich zur Autobahn A 24 zu erwarten ist. Auch fürchteten wir einen Verlust an Wohn- und Grundstücks· wert", sagte Wolfgang Sühlsen, ein Sprecher der Initiative. Inzwischen haben wir auch große grundsätzliche Vorbehalte." Er verwies auf die Aussagen des "Wissenschaftlichen Beirats" im Bundesverkehrsministerium. Wolfgang Sühlsen: "Auf der Strecke Hamburg-Berlin hat die Magnetschwebebahn gegenüber einem ICE der Bundesbahn nur einen Zeitvorteil von sechs Minuten, so die Rechnung der Experten." Sühlsen betonte, dass sich Deutschland mit dem Transrapid vom europäischen Hochgeschwindigkeitsnetz abkoppele. Weitere Nachteile laut Sühlsen: Die Magnetschwebebahn könne wegen Platzproblemen und nötigen Lärmschutzes nicht direkt Ins Herz der Städte geführt werden. Zudem schneide die Magnetschwebebahn bei einer Kosten-Nutzung-Rechnung im Vergleich mit dem ICE erheblich schlechter ab. Laut Bürgerinitiative sei es volkswirtschaftlich sinnvoller, die ICE-Strecke von der Hansestadt Hamburg aus nach Berlin mit einem Halt in Bergedorf "vernünftig auszubauen, als zusätzliche Milliarden in ein reines Prestigeobjekt der deutschen Wirtschaft wie den Transrapid zu pumpen".

BUND Lauenburg am 2. Dezember 1992 in Büchen: „Faszinierend, aber untauglich“

Der Transrapid ist zwar „technisch faszinierend", als alternatives Verkehrsmittel aber untauglich: Das war die vorherrschende Meinung auf der Veranstaltung "Transrapid - eine sinnvolle Investition?" in der Waldhalle. Der Einladung des Kreis-BUND waren auch einige CDU Politiker gefolgt, darunter Kreispräsident Norbert Brackmann und Büchens Gemeindechef Günter Mund. Um Sachlichkeit bemüht war Referent Philip Kramer vom Verkehrsclub Deutschland (VCD), der als umweltfreundliche Alternative zum ADAC gilt.

Es sei "faszinierend", wie der Transrapid "auf einem dünnen Luftkissen über den Schienen schwebt", gab er zu. Bei geringerer Geschwindigkeit sei der Energieverbrauch vergleichsweise gering. Bei hohem Tempo, also etwa 400 Stundenkilometern, sei jedoch mit „viel Lärm" und „hohem Energiebedarf"“ zu rechnen. „Das bedeutet. dass in Nähe von Wohngebieten riesige Lärmschutzwände gebaut werden müssten", erläuterte Kramer.

Ein weiteres Problem sei die unzulängliche Erprobung des Transrapid. So wisse man noch nicht, wie sich die Schnellbahn etwa im Tunnel oder bei langen Frost- und Schneeperioden verhalte. „Deshalb ist von den Bundesbehörden .bislang nur die technische Einsatzreife bestätigt worden“, so der Nahverkehrsberater. Die Systemreife, also die Tauglichkeit für den Alltagsbetrieb wurde noch nicht bescheinigt." Speziell im Lauenburgischen hätten die Bürger keine Vorteile von dem

Transrapid. „Sie werden nicht auf den fahrenden Zug aufspringen können", verdeutlichte Kramer. Stattdessen sei zu befürchten, dass der Ausbau der Bahnstrecke Hamburg -Berlin vernachlässigt werde: "Schließlich soll die Bahn keine Konkurrenz zur Magnetschwebebahn sein."

Dies könnte bedeuten, dass die Bahnstrecke für höchstens 160 Stundenkilometer ausgelegt werde - obwohl die Züge viel schneller rollen könnten. Negativ sei zudem. dass auch der Transrapid relativ viel Landschaft verschandelt. So ruht die Fahrspur auf breiten Beton-Ständern, die wiederum auf einem quadratischen Betonfundament stehen. „Außerdem müssten für den Bau und für die Wartung der Strecke Straßen gebaut werden."

In der Diskussion wies Querdenker Eugen Prinz darauf hin, dass aufgrund des geplanten Zehn-Minuten Pendelverkehrs gleich zwei Transrapid-Trassen gebaut werden müssten. Zudem kritisierte er, dass sich die Magnetbahn nicht in das vorhandene Verkehrsnetz einfügen lasse. Kramer erklärte, dass die Innenstädte für den Transrapid ein ungelöstes Problem sind". So kritisierten selbst Bonner Verkehrsexperten. dass die Bahn kaum in einem normalen Bahnhof halten könne.

Als möglicher Zielpunkt für die geplante Referenzstrecke sei u.a. Moorfleet bei Hamburg „angedacht". Die Reisenden müssten als ein zeitraubendes Umsteigen auf andere Verkehrsmittel in Kauf nehmen. Prinz kritisierte zudem, dass der Transrapid seine anvisierte Zielgruppe verfehle: „Die Geschäftsleute werden doch künftig Bild-Konferenzen per Telefon durchführen."

Dieser Vision widersprach ein Büchener Geschäftsmann, der dem Lateinlehrer mangelnden Realitätssinn unterstellte. Auch Kramer fragte sich jedoch, wo die erwarteten 15 Millionen Fahrgäste pro Jahr herkommen sollten. Er vermutete, dass sich die Gesamtkosten von mindestens zehn Milliarden Mark „nie wieder reinfahren lassen".

Sternfahrt am 16. März

Aus einem Flugblatt der Bürgerinitiativen

Egal, ob Nord, ob Süd

TRANSRAPID IS' SCHIET!

Wie Politik und Planer mit den Bürgern umgingen

Die Bürgerinitiative Escheburg schrieb am 3. Februar 1996 an den Abgeordneten Eckart Kuhlwein:

Sehr geehrter Herr Kuhlwein,
vielen Dank für Ihren Brief vom 29. Januar diesen Jahres. Es ist uns eine Erleichterung, dass Sie in Ihrem Brief so ausführlich auf die von uns genannten Sorgen und Befürchtungen eingehen. In Ihrem Brief bitten Sie um Mitteilungen über Falschinformationen und Vernebelungsstrategien, die uns im Zusammenhang mit den Informationsveranstaltungen der MPG in unseren Nachbargemeinden Börnsen, Billwerder, Geesthacht und Gülzow aufgefallen sind. Wir haben Ihr und damit ebenso unser Anliegen auch an die Verantwortlichen in der BI Börnsen weitergeleitet.

Nichtsdestotrotz möchten wir Ihnen gern unsere Beobachtungen mitteilen, die uns in den letzten Wochen bei der Beschäftigung mit TRANSRAPID aufgefallen sind.Diese Beobachtungen machen uns zutiefst besorgt und auch misstrauisch, weil wir immer mehr den Eindruck haben, dass wir als Bürger nicht ernstgenommen werden.

Ebenso wie Sie haben auch die Ministerpräsidenten sämtlicher Bundesländer, außerdem die Herren Dr. Kohl, R. Steenblock und Dr. R. Scharping einen gleichlautenden Brief und die Kopien unserer Unterschriftenlisten gegen TRANSRAPID von uns erhalten. Bis heute haben wir auf unsere insgesamt 20 Briefe Antworten bekommen aus Berlin, Hamburg, Mecklenburg Vorpommern, Niedersachsen, Rheinland -Pfalz, Sachsen-Anhalt und - im Auftrag von Herrn Dr. Kohl - Herrn oder Frau Förster - des Weiteren ein Antwortschreiben von Frau Elke Fermer im Auftrag von Herrn Dr.. Scharping und Ihren Brief. Die einzigen Antwortschreiben, die auf unseren Brief eingehen, dies allerdings sehr detailliert, sind Ihr Brief und der Brief von Frau Ferner. Alle anderen Antworten speisen uns mit lapidaren und z.T. vorgefertigten Auskünften und den offiziellen Stellungnahmen der Landesregierungen bzw. der Bundesregierung ab, ohne weiter auf unsere Argumente einzugehen. Niedersachsen und Sachsen-Anhalt verweisen darauf, dass die Entscheidung für den TRANSRAPID gefallen sei und sie deshalb keine Einflussmöglichkeiten mehr hätten, das Projekt zu stoppen.

Die übrigen Antworten betonen die positive Stellung der Antwortenden zu dem Projekt, und wir können uns des Eindrucks nur schwer erwehren, dass man unsere Argumente gar nicht zur Kenntnis genommen hat. Dabei ist es bezeichnend, dass die meisten Empfänger wenigstens so höflich gewesen sind, uns einen Brief zu schreiben. Wie sehr unsere Einwände missachtet werden, macht jedoch die Reaktion aus Berlin deutlich... Am 29.1..96 nahmen drei Mitglieder unserer BI an einer Informationsfahrt der MPG nach Lathen teil. Bereits auf dem Hinweg bekamen wir im Bus drei Videofilme zu sehen. In dem einen wurde der bivalente Fahrweg dezidiert als die Lösung für die Einfahrt in den Hamburger Hauptbahnhof hingestellt Ein weiterer Film beschrieb die Strecke von Hamburg nach Berlin und ging dabei nur von der Nordtrasse aus; die Südtrasse wurde nicht erwähnt. Beide Beobachtungen lassen unseres Erachtens starke Zweifel aufkommen an der Wahrheit der MPG-Aussagen. Mit solchen Argumenten zu werben, wenn sie von der MPG selbst dementiert werden, ist schlicht eine Falschaussage. Es mag dahingestellt bleiben, ob man einfach nur vergessen hat, die Filme gegen eine aktuellere Version auszutauschen, oder ob damit gezielt die betroffenen Bürger in Sicherheit gewiegt werden sollen.

Als Verschleierungstaktik empfanden wir dann die Vorführung des TRANSRAPID, vor allem, als uns auf dem Besucherhügel die geringe Geräuschentwicklung demonstriert werden sollte. Zum einen fanden wir es sehr problematisch, wenn wir die Geräuschentwicklung beurteilen sollen, und uns auf gleicher Ebene mit dem TRANSRAPID befinden, denn Schall breitet sich kugelförmig aus. Diese "Hördemonstration" lässt also keinerlei Aussagen zu über die Schallentwicklung in der Realität Ebenso wenig Aussagen über die Realität lassen sich in Bezug auf die Schallentwicklung in Abhängigkeit von der Geschwindigkeit machen. Denn den TRANSRAPID bei „voller" Geschwindigkeit - 420 km/h - konnten wir auf dem Besucherhügel nicht hören. Seine Höchstgeschwindigkeit erreicht TRANSRAPID erst auf der geraden Strecke In Anbetracht dieser Lage empfinden wir es als bewusste Irreführung, wenn uns als technisches Problem dargestellt wird, höhere Geschwindigkeiten nicht fahren und auch die Geräuschentwicklung nicht demonstrieren zu können, weil dafür die gerade Strecke nicht ausreiche. Was wir wahrgenommen haben, spricht eher dafür, dass man nicht will, als dass man nicht kann, denn warum hat man sonst den Besucherhügel dort errichtet, wo TRANSRAPID die volle Geschwindigkeit nicht fahren kann?

Merkwürdig war auch, dass in dem Moment, wo wir den Betreibern in Lathen eben die Fragen hinsichtlich der Akzeptanz stellten, mit denen wir von Herrn Jablonski nach Lathen verwiesen worden waren, wieder an die MPG zurückverwiesen wurden. Die Scheu, Verantwortung übernehmen zu müssen, war offensichtlich, und ebenso offensichtlich war auch die Diskussionsstrategie unseres "Betreuers", sich nicht auf grundsätzliche Diskussionen über Sinn und Unsinn dieses Projekts einzulassen. Auf Fragen nach der der angespannten Finanzfrage des Bundes und der ständigen Kürzung von Steuermitteln in anderen Bereichen ging er nicht ein, stattdessen betonte er immer wieder die politische Entscheidung für TRANSRAPID.

Wir hoffen, dass Sie unsere Beobachtungen an geeigneter Stelle verwerten können, und wären dankbar, wenn Sie uns weiterhin über den Fortgang in dieser Sache informieren würden. Mit freundlichem Gruß, Bürgerinitiative Escheburg **(Wortlaut 11)**

Eckart Kuhlwein
Mitglied des Deutschen Bundestages

53113 Bonn 1
Bundeshaus, 1617NH
Tel. 0228/163547

Bürgerbüro:
Hamburger Str. 30
22926 Ahrensburg
Postfach 1349
22903 Ahrensburg
Tel. 04102/52380

6. September 1994

An alle SPD-Mitglieder
im Bereich Transrapid-Trasse
im Kreis Herzogtum Lauenburg

Liebe Genossinnen und Genossen,

unser Protest gegen den Transrapid muß weitergehen! Ich möchte Euch zusammen mit dem SPD-Kreisverband Herzogtum Lauenburg ganz herzlich zu einer Protest-Fahrradtour auf der voraussichtlichen Transrapid-Trasse einladen. Diese Tour soll ein weiteres Zeichen unseres gemeinsamen Widerstands gegen dieses unsinnige Mammutprojekt sein.

Bitte, macht möglichst zahlreich mit beim

Radeln gegen den Transrapid
am Sonntag, den 11. September 1994

Zeiten:	**Fahrtroute:**
9.00 Uhr	Abfahrt von Möhnsen, Sportlerklause über Basthorst Fuhlenhagen nach
10.30 Uhr	Talkau, B 207 - Transrapid-Schild über Tramm nach
11.30 Uhr	Hornbek, Lippenhorster Weg 5 über Roseburg Güster Göttin nach
13.00 Uhr (etwa)	Gudow, Treffpunkt Kinderflohmarkt, gegenüber der Kirche, dort gibt es einen Imbiß.

Bringt auch Freunde, Bekannte und Nachbarn mit.

Mit freundlichen Grüßen - hoffentlich bis Sonntag

Eckart Kuhlwein

für den SPD-Kreisverband
Herzogtum Lauenburg:

Claudia Preuß-Boehart

Und das meinte die Geesthachter CDU zum Thema Transrapid am 5. Februar 1996 laut Bergedorfer Zeitung

Politiker von SPD und FDP üben harsche Kritik an der Entscheidung des CDU-Ortverbandes für den Bau der Magnetschwebebahn. Laut dem einstimmigen Votum „akzeptiert" die CDU eine Südroute, wenn der Elbhang mit einem langen Tunnel gequert, spätestens zeitgleich die Ortsumgehung gebaut sowie das neue Gewerbeareal in Richtung Hohenhorn nicht beeinträchtigt werde.

Bei allen Demonstrationen dabei: Claudia Preuß-Boehart, MdL und Kreisvorsitzende der SPD in Lauenburg.

Der Haltepunkt im Raum Geesthacht müsse ferner mit der S-Bahn Aumühle-Bergedorf sowie dem Geesthachter ÖPNV verbunden werden. Die sechste Bedingung: Der Lückenschluss zwischen A24/B404 und A250. Der Landtagskandidat Dr. Hans-Georg Priesmeyer (FDP) begrüßt „die jetzt endlich erfolgte Entscheidung der CDU für den Bau einer modernen Magnetschwebebahn. Hingegen seien die Forderungen „teuer und unsinnig", kritisiert der Liberale. „Ich verstehe nicht, warum man nicht einmal ganz klar Ja sagen kann", erklärt Priesmeyer. Ein „Parkplatz Geesthacht" ist so ziemlich die dümmste Idee. Mit 400 Stundenkilometern einen Tunnel zu durchfahren, verbietet die Strömungsphysik. Die Planer seien gefordert, die „optimale Lösung" vorzulegen.

Das Votum der CDU stößt bei den SPD-Landtagsabgeordneten Birgit Küstner und Claudia Preuß-Boehart auf keinerlei Verständnis. Der Versuch der CDU den Transrapid durch eine Haltestelle bei Geesthacht als Beitrag für Nahverkehr anzusehen, zeugt entweder von verkehrspolitischem Unwissen oder politischem Zynismus.

MdLs Happach-Kasan und Schlie unter Beschuss in Güster (nach Bergedorfer Zeitung)

Die Worte eines Mitglieds von „Bürger gegen Transrapid“ waren deutlich: „Hören Sie auf, so einen Blödsinn zu verbreiten“, sagte das Talkauer BI-Mitglied zur Dr. Christel Happach-Kasan. Die FDP-Landtagsabgeordnete und ihr CDU-Kollege Klaus Schlie hatten einen schweren Stand in Güster.

Rund 200 Bürger waren in Burmesters Gasthof gekommen, um ihrem Ärger über die Magnetschwebebahn, die nur wenige hundert Meter an ihren Grundstücken vorbeischweben wird, Luft zu machen. Der angekündigte Umweltminister Rainder Steenblock (Bündnis-Grüne) kam nicht. Er war in Bonn, wo der Bundesrat am Freitag das Magnetschwebebahn-Bedarfsgesetz beschlossen und damit nach dem Bundestag ebenfalls grünes Licht für den Trassenbau Hamburg-Berlin gegeben hatte.

Dass die Bürger den Transrapid nicht wollen, wurde in der Versammlung mehrfach deutlich. Sie befürchten Lärmbelästigung, Wertminderung ihrer Grundstücke, sehen weder Innovation noch Handlungsbedarf und verwiesen auf die hohen Kosten, zumal die Landbevölkerung von der schnellen Verbindung zwischen Hamburg und Berlin nicht profitiere.

Die Meinung der Podiumsgäste stand ebenfalls fest. Schlie: „Das Verkehrssystem ist politisch beschlossen. Jetzt muss überlegt werden, wie das Land Einfluss auf Ausgleichsmaßnahmen nehmen kann.“ Happach-Kasan: „Der Transrapid ist ein industriepolitisch wichtiges Vorhaben. Er entlastet die IC-Strecke vom Fernverkehr, so dass Kapazitäten für den Güterverkehr frei werden. Die Anwohner der Trasse dürfen nicht benachteiligt werden. Landwirte müssen Ausgleichsflächen bekommen.“

Burkhart Peters (Bündnis-Grüne): „Wir lehnen das Projekt ab. Die Bedarfszahlen sind extrem überhöht, die Finanzierung ist abenteuerlich. Andere Verkehrsträger werden benachteiligt. Wir werden die Verfassungsmäßigkeit prüfen lassen. Claudia Preuß-Boehart (SPD): „Die Kreis-SPD war von Anfang an vehementer Gegner des monströsen Vorhabens. Wir begrüßen es, dass sich die Gemeinden entschlossen haben, sich rechtlich vertreten zu lassen."

Der Jurist Wolfgang Ewald erläuterte die rechtlichen Möglichkeiten der Betroffenen, das Transrapid-Projekt zu verhindern. So müssten die Anlieger nachweisen, dass ihre „eigenen Rechte" verletzt würden und beispielsweise die Immissionen die Duldungsschwelle überschritten. Das Argument der Wertminderung zähle nicht. Die von Enteignung betroffenen Bürger hätten die stärkste Position, sie sollten sich zusammenschließen. Ewald riet, zu prüfen, ob die nationalen Planungen mit dem EG-Recht vereinbar seien.

Der Kreistag in Stormarn fasste am 30. Oktober 1996 erneut eine Resolution: Der Kreis verweigerte die Finanzierung für Anbindungen an eine Transrapid-Strecke

1.

Der Stormarner Kreistag bekräftigt seinen Beschluss vom 29. April 1994, in dem der Bau einer TRANSRAPID-Strecke zwischen Hamburg und Berlin abgelehnt wird.

2.

Der Kreistag teilt die Bedenken, die der Kreis als Träger öffentlicher Belange gegen die geplante Linienführung des Transrapid in Stormarn für das Raumordnungsverfahren vorgetragen hat. Das gilt insbesondere für die dort geltend gemachte drohende weitere Zersiedelung der Landschaft, die Beeinträchtigung der Anwohner durch Lärmemissionen und die Auswirkungen auf Verkehrsströme und – Infrastruktur im Kreis Stormarn.

3.

Der Kreistag befürchtet vom Bau und Betrieb einer Magnetschwebebahn TRANSRAPID · zwischen Hamburg und Berlin über das dichtbesiedelte Südstormarner Gebiet erhebliche Störungen und Verzerrungen für die weitere Entwicklung des Kreises. Insbesondere gehören dazu

- die von der TRANSRAPID-Planungsgesellschaft geforderte Ausrichtung des Öffentlichen Personennahverkehrs auf Transrapid-Haltepunkte, weil dadurch notwendige

Verbesserungen im ÖPNV-Netz zur Steuerung von Pendlerströmen im Hamburger Ballungsraum gefährdet werden,

- die beabsichtigte Einrichtung eines Haltepunktes in Reinbek. Dadurch wird zusätzlicher motorisierter Individualverkehr in eine Region gelenkt, die durch die Autobahnen A 1 und A 24 sowie durch stark überbelastete Kreisstraßen bereits heute erheblich beeinträchtigt ist,
- die beabsichtigte Linienführung durch ein dichtbesiedeltes Gebiet,
- die Konzentration der Finanzmittel des Bundes auf eine verkehrspolitisch unnötige Verkehrs-Verbindung zu Lasten des für den Personennahverkehr erforderlichen Schienenausbaus.

4.
Der Kreistag ist nicht bereit, für den Bau bzw. Ausbau von Zubringerstraßen und weiteren Infrastrukturmaßnahmen, die durch die Einrichtung einer Haltestelle erforderlich werden, Finanzmittel aufzuwenden.

Eine Resolution des Gemeinderats Gudow vom 14. Juni 1994

Der Gemeinderat Gudow lehnt den Bau einer Transrapidstrecke Hamburg-Berlin in Anlehnung an den Kreistagsbeschluss vom 28. April 1994 ab.

Der beabsichtigte Bau einer Transrapidstrecke Hamburg-Berlin neben der A 24 wird die Einwohner/innen in Gudow und Umgebung in erheblichem Maße beeinträchtigen. Für unsere schöne Landschaft des Naturparks Lauenburgische Seen wird dies eine weitere Belastung neben der schon vorhandenen A 24 bedeuten. Gudow und Umgebung würden einer zusätzlichen Lärmbelästigung ausgesetzt. Der Landschaftsverbrauch ist erheblich. Eine negative Entwicklung des Fremdenverkehrs ist zu erwarten. Die Lebensqualität in unserem Bereich wird erheblich gemindert. Das sind für uns Gründe, den Transrapid abzulehnen.

Reinbek: Das Land soll klagen – Herbst 1994 (nach Bergedorfer Zeitung)

Der Kampf um Transrapid geht in die nächste Runde: Nach Glinde und Geesthacht fordern auch die Reinbeker Stadtvertreter die Landesregierung zu einer Verfassungsklage auf. Der lauenburgische Kreistag stimmt am Donnerstag über eine Resolution ab.

Ein Grund für die Reinbeker: Bisherige Aussagen, die Trassenführung sei mit der Verabschiedung des Magnetschwebebahn-Planungsgesetzes (MBPLG) noch nicht festgelegt, entspreche nicht der Realität. "Dass für den Transrapid eine Trasse nördlich der Autobahn Hamburg Berlin geplant ist, hat der ehemalige Bundesminister für Verkehr, Günther Krause, bereits in einem Schreiben von November 1992 bestätigt", erklärt Bürgermeister Dr. Manfred Neumann.

Betroffen sind in Reinbek rund 7 000 Einwohner im Stadtteil Neuschönningstedt, die bereits durch die nahe Autobahn 24 erheblich belastet sind. "Auch das außerordentliche Engagement des Hamburger Senats für das MBPLG basiert ausschließlich auf dem Hintergrund der Streckenverbindung zwischen Hamburg und Berlin", so der Brief an die Landesregierung in Kiel. Unter anderem mit den Stimmen Hamburgs hatte der Bundesrat am 23. September das Planungsgesetz für den Schweber auf die Schiene gebracht.

Weitere verfassungsrechtliche Mängel sehen die Reinbeker in der Anwendung des Planungsvereinfachungsgesetzes für Verkehrswege. Zum anderen werde damit ein öffentliches Bedürfnis vorausgesetzt – das jedoch nicht bestehe: "Der Bau des Transrapid ist eine industriepolitische Förderung, die allein der Erschließung eines weltweiten Absatzmarktes für die neue Technologie dienen soll."
In Kiel hat sich inzwischen eine Arbeitsgruppe aus Mitarbeitern des Wirtschafts-, Innen- sowie Umweltministeriums zusammengesetzt, um die Möglichkeit einer Verfassungsklage in Karlsruhe zu

prüfen. "Wir unterstützen die Resolutionen aus Glinde und Reinbek“, sagt Pressesprecher Dr. Karl Pröhl vorsichtig. Wir müssen jedoch strategisch vorgehen: Ein demokratischer Beschluss des Bundesrats lässt sich nicht so einfach aus den Angeln heben." Wann ein endgültiges Ergebnis vorliege, sei noch ungewiss. "Sicher ist nur, bis zur Wahl am 16. Oktober ist das nicht zu schaffen."

Am Ende ging es um die Rechtsberatung (Stormarner Tageblatt 14. Januar 1999)

Für die Transrapid-Gegner in Stormarn hat die wichtigste Phase ihres Widerstandes begonnen. Denn die Unterlagen der Magnetschnellbahn-Planungsgesellschaft (MPG) liegen mittlerweile in den Ämtern im Süden des Kreises öffentlich aus, und Einwände für den Streckenabschnitt Reinbek müssen bis zum 18. Februar eingereicht sein.

Tipps zum Abfassen dieser Schreiben gab der Rechtsanwalt Michael Günther in dieser Woche unter anderem bei einem Informationsabend in Witzhave, zu dem die Gemeinde und die örtliche Bürgerinitiative eingeladen hatten. Der Hamburger Jurist vertritt die Stormarner und lauenburgischen Gemeinden entlang der geplanten Transrapid-Strecke.

Günther betonte mehrmals, dass Einwände jetzt erhoben werden müssen. Sonst sei die Chance vertan, später gerichtlich gegen das Vorhaben vorzugehen. "Verteidigen Sie Ihre Rechte. Niemand macht etwas falsch, wenn er Einwände vorbringt", ermutigte der Rechtsanwalt die Bürger.

Günther riet den über 200 Anwesenden, sich an den Muster-Einwendungen zu orientieren. Grundsätzlich lautete seine Empfehlung: "Alles, was Sie benachteiligt, sollten Sie so konkret wie möglich zur Sprache bringen." Nur auf diese Punkte könne man sich in einer späteren Klage beziehen.

Der Jurist erinnerte daran, dass auch Freizeitplätze im Garten für die Berechnung der Lärmwerte geltend gemacht werden können. Zudem riet er, auf die Vorbelastung durch den Autobahnlärm zu verweisen. Entscheidend sei nach dem Gesetz nicht die einzelne Lärmquelle, sondern der Krach vor Ort, von dem man sich belästigt fühlt. Das gelte zum Beispiel für die Kombination von Lärm und Erschütterungen. Ferner machte Günther darauf aufmerksam, dass die Trasse im Gegensatz zu Straßenbau-Projekten für die Anlieger nicht den Vorteil einer besseren Verkehrsanbindung mit sich bringe. Zu den Referenten in Witzhave gehörte außerdem Rechtsanwalt Dr. Peter C. Mohr, der im Auftrag der Gemeinde bei der EU-Kommission Beschwerde eingereicht hat. Denn nach der aktuellen Planung würde die Magnet-Schnellbahn im Kreis Stormarn das Billetal durchqueren, das nach Europarecht als Gebiet mit einer besonders wertvollen Tier- und Pflanzenwelt geschützt ist. "Die Beschwerde war erfolgreich. Die EU-Kommission hat die Bundesregierung aufgefordert, hierzu Stellung zu nehmen“, erklärte Dr. Mohr. Nach seiner Einschätzung muss die Trassen-Diskussion neu aufgerollt werden.

Nach Aussage von Vera Pegels, der Vorsitzenden der Gesellschaft "Menschen für Natur", werden bereits die Bauarbeiten die Nerven der Witzhaver reichlich strapazieren. Bis die Baustelle eingerichtet ist, würden alle Transporte durch den Ort laufen. Später soll der Betrieb über eine sechs Meter breite Schotterstraße abgewickelt werden.

Die Bürger haben genug von Transrapid!

Mit Millionenbeträgen aus Steuermitteln versucht die Magnetbahngesellschaft, die Bürger von der Notwendigkeit einer Transrapidstrecke zwischen Hamburg und Berlin zu überzeugen. Doch in zunehmendem Maße hat die Öffentlichkeit die Manipulationen und Lügen, mit denen Akzeptanz erreicht werden soll, durchschaut.

Namhafte Fachleute und Institutionen haben nachgewiesen, daß Transrapid

- nicht nur überflüssig ist, sondern schädlich für die Entwicklung einer menschenverträglicheren Verkehrsinfrastruktur
- viel zu teuer ist, während kostengünstigere Alternativen auf vorhandenen Bahnstecken noch gar nicht geprüft worden sind
- unseren Staat in weitere Schulden stürzen würde
- erhebliche nachteilige Auswirkungen für Mensch und Umwelt zu erwarten wären
- ein System ist, das weder im übrigen Europa noch sonstwo in der Welt eine Chance auf Verwirklichung besitzt.

Es ist* ein *Skandal daß die Bundesregierung jede Möglichkeit sucht, den Bürgern das Geld aus der Tasche zu ziehen, um immer neue Hausha slöcher zu stopfen, andererseits aber in leichtfertiger Weise Milliardenbeträge in noch ungeahnter Höhe für ein unsinniges Projekt ausgibt.

Die Bürger in dieser Region wehren sich dagegen, daß der Transrapid gegen alle Vernunft durchgesetzt werden soll. Zusätzliche Belastungen durch Lärm, weiteren Autozubringerverkehr, die Verschandelung der Landschaft und die Ruinierung der Bahn sind ein zu hoher Preis für ein Projekt mit unsicherer Zukunft, das die Verkehrsprobleme nicht löst und nur zur Frage des Wirtschaftsstandortes Deutschland hochstilisiert wird.

Noch in diesem Jahr wollen die Planer eine »Vorzugstrasse« bekanntgeben. Egal, ob diese im Norden oder im Süden verlaufen soll: Bürgerinitiativen und Verbände lehnen jede Variante ab. Die negativen Folgen einer Verwirklichung berühren direkt oder indirekt jeden Bürger- entweder als Anlieger einer Trasse, als Betroffener von reduzierten Leistungen im öffentlichen Nahverkehr, als Steuerzahler oder als Opfer des zunehmenden Sozialabbaus. Deshalb:

Transrapid betrifft alle! *Unterstützen Sie* ***Bürgerinitiativen und Verbände durch Ihre Teilnahme* am 16. März *in* Bergedorf**

VCD

ROBIN WOOD

Aktionskreis Eisenbahn statt Autowahn

BUND Freunde der Erde

NABU Naturschutzbund Deutschland

Pro Bahn

Bürger gegen Transrapid

FBB Initiative für eine bessere Bahn

HamburgerVerkehrsbüro

Überreicht durch:

Stoppt Transrapid!

Das offizielle Ende der Strecke Berlin-Hamburg im Januar 2000

Bundesverkehrsminister Reinhard Klimmt (SPD), Bahnchef Hartmut Mehdorn sowie das Transrapid-Konsortium hatten in Frankfurt beschlossen, trotz Jahrzehnte langer Planungen die Nordvariante der Magnetschwebebahn nicht zu bauen. Sie wollen nun nach einer alternativen Strecke suchen. Die von dem Verzicht auf die Trasse zwischen Berlin und Hamburg betroffenen Bundesländer fordern, die vom Bund dafür zugesagten 6,1 Milliarden Mark weiterhin im Norden zu investieren. Grüne und Umweltschützer begrüßten die Entscheidung. Der Unions--Haushaltsexperte Dietrich Austermann übte dagegen scharfe Kritik. Der Bundestag müsse sich damit befassen, forderte er.

Nach einem dreistündigen Spitzengespräch mit Vertretern der Bundesregierung, der Deutschen Bahn AG und der dem Konsortium angehörenden Konzerne ThyssenKrupp, Siemens und Adtranz in Frankfurt erklärte Klimmt, das mindestens zehn Milliarden Mark teure Vorhaben sei "weder auf Basis des Eckpunktepapiers von 1997 noch auf der Grundlage der danach erfolgten Prüfungen alternativer Szenarien realisierbar". "Die grundsätzlichen Bedenken der Bahn konnten nicht ausgeräumt werden."

Gleichwohl wolle die Bundesregierung die Transrapid-Technologie im Inland angewandt wissen. Der Stellenwert der Magnetschwebebahntechnik sei für den Industriestandort Deutschland von herausragender Bedeutung. Die Bundesregierung will ihr Beteiligungsangebot von 6,1 Mrd. Mark aufrechterhalten.

Machbarkeitsstudien sollen in spätestens zwei Jahren zur Entscheidung vorliegen. Als mögliche Varianten nannte Klimmt die bereits diskutierten Kurzverbindungen der Flughäfen Berlin oder München in die jeweiligen Stadtzentren. Möglich sei auch eine Transrapid-Verbindung zwischen den Flughäfen Köln-Bonn und Düsseldorf. Niedersachsen will sich für eine Transrapid- Trasse Amsterdam-Groningen-Bremen einsetzen, wie Ministerpräsident Sigmar Gabriel (SPD) am Sonntag der „Nordsee-Zeitung“ sagte.

Berlins Regierender Bürgermeister Eberhard Diepgen (CDU) bedauerte die Entscheidung und sprach von einem "Schlag gegen die Zukunftsfähigkeit des Industriestandorts Deutschland". Ähnlich wie Berlin plädierte Hamburgs Bürgermeister Ortwin Runde (SPD) für den unverzüglichen Beginn von Planung und Bau einer neuen ICE-Strecke zwischen beiden Städten. Die SPD-geführten Länder Schleswig-Holstein, Mecklenburg-Vorpommern und Brandenburg sowie der Berliner Senat verlangten umgehend, die nun vom Bund eingesparten Milliarden müssten für andere Verkehrsprojekte im Norden verwendet werden.

Austermann: "Transrapid in Deutschland tot"

Der Bund für Umwelt und Naturschutz Deutschland (BUND) begrüßte das Aus für die Strecke Hamburg-Berlin. Die Betontrasse hätte zum Teil wertvolle Biotope durchschnitten. Bei Anwohnern und Bürgerinitiativen gebe es nun Aufatmen. Der verkehrspolitische Sprecher der Grünen-Bundestagsfraktion, Albert Schmidt, nannte die Entscheidung "die einzig mögliche Konsequenz aus der Analyse der Daten".

Nach Einschätzung von Austermann ist mit der Entscheidung der "Transrapid in Deutschland tot". "Wenn die Strecke Hamburg-Berlin nicht zu rechtfertigen ist, rechnet sich auch keine andere Strecke", erklärte der Haushaltssprecher der CDU/CSU-Bundestagsfraktion. Er griff Bundesregierung und Mehdorn an. Es sei eine "ziemliche Anmaßung, dass der neue Bahnchef, kaum 100 Tage im Amt, eine Entwicklung stoppen will, die seit fast 35 Jahren läuft". Diese falsche infrastrukturelle Weichenstellung hätte durch Druck der Bundesregierung auf die Bahn AG verhindert werden müssen.

Transrapid-Konsortium wollte „klare Zusagen“ binnen zwei Jahren

Mögliche Schadensersatzklagen des Firmen-Konsortiums waren bei dem Treffen Klimmt zufolge kein Thema. "Über Entschädigungen wurde nicht geredet", sagte er. Die Industrieunternehmen erwarteten aber eine klare Zusage des Bundes und der Bahn für die Realisierung einer alternativen Strecke in den kommenden zwei Jahren. Parallel dazu werde die Exportmöglichkeit geprüft. Zur Weiterentwicklung dieser Technologie werde ein Forschungs- und Entwicklungsschwerpunkt eingerichtet. Die rund 30 Kilometer lange, seit 1984 bestehende Teststrecke im Emsland solle bis auf weiteres beibehalten werden.

Nach der deutschen Vereinigung hatte die damalige unionsgeführte Bundesregierung 1994 entschieden, die seit über zwei Jahrzehnten geplante Magnetbahn zwischen Berlin und Hamburg zu bauen. Die Fahrzeit zwischen beiden Metropolen sollte bei durchschnittlich Tempo 400 knapp eine Stunde betragen. Von Anfang an waren die Höhe der Kosten und die erwarteten Fahrgastzahlen heftig umstritten. Zuletzt war auch noch eine einspurige Variante im Gespräch. Mehdorn nannte auch diese nicht rentabel für die Bahn.

Frohe Botschaft im Parteirat der SPD

Im Februar 2000 sollte in Schleswig-Holstein ein neuer Landtag gewählt werden. Der Bundesparteirat der SPD tagte deshalb wenige Wochen vorher in Norderstedt. Eckart Kuhlwein war als Delegierter dabei. Nach dem CDU-Spendenskandal hatte auch der CDU-Hoffnungsträger“ Volker Rühe an Zustimmung verloren. Heide Simonis steuerte Richtung Sieg. Da verkündete die Parteispitze auch noch die frohe Botschaft für das südliche Holstein: Hartmut Mehdorn hatte sich als neuer Vorstandsvorsitzender der DB wegen der zu erwartenden Defizite durchgesetzt: Eine Transrapid-Strecke Hamburg-Berlin würde es nicht geben. Eckart Kuhlwein süffisant am Rande der Sitzung zu Henning Voscherau: Wenn Du Dich gleich für die ICS-Strecke entschieden hättest, könntest Du sie heute schon haben.

Wie es nach dem Nein der DB weiterging

13.1. 2000 spiegel-online:

Mehdorn: Trasse Berlin-Hamburg „hochkritisch“

Sitzung Regierung aus Hessen, Berlin, NRW, BMV und DB, um über mögliche Landesbürgschaften zu beraten.

Ein Sprecher der MPG sagte, das Thema bleibe grundsätzlich auf der Tagesordnung, die Strecke Hamburg-Berlin aber sei gestorben. Nun sei der Bund gefordert, in Abstimmung eine neue Strecke zu finden. Offenbar ist das BMV der gleichen Ansicht. Ein Sprecher sagte, die Bundesregierung sei nach vor „an der Anwendung dieser Technologie in Deutschland interessiert“, ließ aber offen, für welche Strecke...

Bereits am Freitag hatte Bundesverkehrsminister Klimmt das grundsätzliche Interesse der Bundesregierung an der Magnetschnellbahn betont, und erklärt, die Diskussion müsse sich nicht auf diese Strecke beschränken. „Transrapid ist eine Technologie, von der wir überzeugt sind, dass sie Sinn macht“, sagte der Minister. „Wir sollten sie nicht aufgeben.“ Zuvor hatte die hessische Landesregierung für Montag geplante Verhandlungen über eine Länderbürgschaft mit der Begründung abgesagt, die Trasse Hamburg-Berlin sei ofenkundig „gestorben“.

14.1.2000 spiegel-online

Schröder trifft Mehdorn: BK Gerhard Schröder hält vorerst trotz aller Widerstände am TR fest. Am kommenden Dienstag wolle der SPD-Vorsitzende in einem Gespräch mit Bahn-Chef Hartmut Mehdorn seine Haltung deutlich machen. Auch Verkehrsminister Klimmt... Die Fraktionen äußern sich zunehmend skeptisch über das Projekt. Fraktionsvorsitzender Peter Struck erinnert an die Beschlusslage der Koalition, dass es nicht mehr als 6,1 Mrd. Mark für den Bau Hamburg-Berlin geben werde. Er ließ aber offen, dass die Industrie mehr Geld hineinstecken könne. Grünen-Fraktionsvorsitzende Kerstin Müller: Der TRT ist im Grunde genommen „mausetot“.

Struck räumte ein, dass das Projekt wahrscheinlich nicht zu verwirklichen sei, wenn es bei dem bleibe, was Mehdorn und andere jetzt gesagt hätten. In der nächsten Woche werde es ein Treffen Mehdorns mit Schröder und dann auch mit dem Verkehrsminister und allen Beteiligten geben.

1.3.2001

Mehdorn flirtet mit Transrapid. Er stellt eine Beteiligung am Metrorapid in Aussicht. Nach einem Besuch in Lathen machte Mehdorn eine endgültige Entscheidung allerdings davon abhängig, dass die Machbarkeitsstudien positiv ausfallen. Mit herkömmlicher Schiene-Rad-Technik seien die Herausforderungen des Verkehrs in Zukunft nicht mehr zu bewältigen.

Gegenwärtig werden die 77 km lange Verbindung zwischen Dortmund und Düsseldorf und das Projekt vom Münchner Flughafen in die Innenstadt der Bayern-Metropole auf ihre Realisierbarkeit geprüft. Mehdorn hatte die Teststrecke in Lathen zusammen mit Nordrhein-Westfalens Ministerpräsident Wolfgang Clement besucht.

Clement bezifferte den Finanzbedarf für das Metrorapid-Projekt durch Ruhrgebiet auf 7,2 Mrd. Mark. In der Rhein-Ruhr-Region könnten zehn Millionen Menschen an das nach Clements Worten umweltfreundliche und geräuscharme System angebunden werden. Die ersten Züge sollen spätestens bei der Fußball-WM 2006 im Zehn-Minuten-Takt fahren. „Der Metrorapid kann Vorbild sein für etwa zehn Metropolen-Regionen auf der Welt“, sagte Clement.
In der chinesischen Metropole Schanghai wird eine Transrapid-Trasse vom Flughafen in die Innenstadt gebaut. Auf der 33 km langen Strecke sollen im Jahr 2003 die ersten Transrapid-Züge fahren.

Der Bundestag beerdigt die Strecke Hamburg-Berlin durch die Streichung des Bedarfsgesetzes

Fünf Jahre nach dem Beschluss des so genannten Magnetschwebebahnbedarfsgesetzes hat sich der Bundestag offiziell vom Transrapid auf der Strecke Hamburg-Berlin verabschiedet Mit den Stimmen von SPD, Grünen und PDS hob das Parlament am Donnerstag das am 19. Juli

1996 verabschiedete Gesetz auf. Bereits im Februar vergangenen Jahres hatten Bundesregierung, Bahn AG und das Transrapid-Konsortium beschlossen, diese Hochgeschwindigkeitsverbindung nicht zu bauen. Die Aufhebung des Gesetzes war auch notwendig geworden, da das Land Schleswig-Holstein ein Normenkontrollverfahren vor dem Bundesverfassungsgericht dagegen angestrengt hat

Der SPD-Abgeordnete Reinhold Hiller (aus Lübeck) wies darauf hin, dass ein Bedarf entgegen der Haltung der Union eben nicht per Gesetz festgestellt werden kann. Mit der geplanten Transrapid-Strecke in **China** werde es nun eine Referenzstrecke geben, die der internationalen Vermarktung der neuen Technologie wirklich die Türen öffnen werde. Auf der bahntechnisch gut erschlossenen Strecke Hamburg-Berlin dürfe der "Transrapid-Unsinn" keine Neuauflage erfahren. Das hatte die Union in einem Entschließungsantrag gefordert und dies mit dem Erhalt des Technologievorsprungs begründet

Gegen den Bau der Transrapid-Strecke zwischen Berlin und Hamburg hatte es in Berlin ein Volksbegehren gegeben. Der Widerstand gegen die Magnetschwebebahn unter Federführung des BUND war das erste Verfahren, das die hohen Hürden für Volksbegehren in der Hauptstadt erfüllt hatte.

Nach der Eröffnungsfahrt in Schanghai will die CDU/CSU-Fraktion zurück zum Projekt Hamburg-Berlin – ein Antrag vom 14. Januar 2003 im Bundestag:

„Transrapid-Projekt Berlin–Hamburg unverzüglich wieder aufnehmen“

<u>Antrag der Abgeordneten Dirk Fischer (Hamburg), Eduard Oswald, Georg Brunnhuber, Ulrich Adam, Renate Blank, Wolfgang Börnsen (Bönstrup), Klaus Brähmig, Gitta Connemann, Hubert Deittert, Enak Ferlemann, Ingrid Fischbach, Dr. Michael Fuchs, Peter Götz, Klaus Hofbauer, Norbert Königshofen, Dr. Hermann Kues, Werner Kuhn (Zingst), Eduard Lintner, Dr. Klaus W. Lippold (Offenbach), Klaus Minkel, Günter Nooke, Peter Rzepka, Gero Storjohann, Edeltraut Töpfer, Volkmar Uwe Vogel, Gerhard Wächter und der Fraktion der CDU/CSU</u>

Der Bundestag wolle beschließen: Der Deutsche Bundestag stellt fest:

Gerade die Eröffnungsfahrt des Transrapids in Shanghai zeigt, diese Technik „Made in Germany“ ist die Verkehrstechnologie der Zukunft. Nach dem Stopp der nahezu baureifen Anwendungsstrecke Berlin–Hamburg durch die rot-grüne Bundesregierung im Jahre 2000 hat die Eröffnungsfahrt in Shanghai nun endlich auch die Bundesregierung von dieser Hochtechnologie überzeugt….Worten sollten jetzt endlich Taten folgen…Das Transrapid-Projekt auf der Verbindung Berlin-Hamburg ist technisch machbar und kann wirtschaftlich betrieben werden. Auf dieser Relation kann Fernverkehr im Nahverkehrstakt angeboten sowie gegebenenfalls eine Anbindung des Flughafens Schönefeld als künftiges Drehkreuz des Ostens an zwei Ballungszentren erreicht werden…An die bis Februar 2000 erfolgte Planung kann sofort wieder angeknüpft werden – einer zügigen Realisierung steht nichts entgegen…. Insbesondere in den Bundesländern Schleswig-Holstein, Mecklenburg-Vorpommern, Brandenburg und Berlin wird die Transrapid-Verbindung Berlin–Hamburg erhebliche positive Effekte auf dem Arbeitsmarkt wirken. **(Wortlaut 12)**

Der CDU-Verkehrspolitiker Dirk Fischer betätigt sich 2003 an der Wiedererweckung der Trasse Hamburg-Berlin

Aus dem Hamburger Abendblatt Januar 2003

Der Bau einer Transrapid-Strecke von Hamburg nach Berlin ist zurück auf der politischen Tagesordnung. Hamburgs CDU-Vorsitzender Dirk Fischer (59), zugleich verkehrspolitischer Sprecher der CDU-Bundestagsfraktion, will eine neue Initiative für die Trasse Hamburg-Berlin starten. "Ich will das Thema in naher Zukunft in den Bundestag einbringen“, sagte Fischer dem Abendblatt. Trotz des in 2000 verkündeten Endes der Planungen bestehe weiterhin eine ernsthafte Option, sagte Fischer weiter. Voraussetzung sei, dass der Bund die Kosten für Bau und Unterhalt der Trasse übernehme. Bürgermeister Ole von Beust (47) kündigte an, dass sich der Senat am mit dem Transrapid befassen werde. Er hoffe auf eine Verwirklichung des Transrapid-Projekts.

Während ein Sprecher des Bundesverkehrsministerium gestern zu den bereits früher verworfenen Plänen für eine Referenzstrecke Hamburg-Berlin sagte: "Das ist für uns kein Thema", äußerte sich die Parlamentarische Staatssekretärin im Bundesverkehrsministerium, die Hamburger Bundestagsabgeordnete Angelika Mertens (50, SPD), grundsätzlich positiv: "Das Projekt könnte allerdings nur realisiert werden. wenn die Wirtschaft bereit wäre, die finanziellen Risiken mitzutragen." Außerdem müsse eine neue Kosten-Nutzen-Analyse erstellt werden.

Mertens hält es für problematisch, wenn der Transrapid neben der Autobahn und der Bahn der dritte Verkehrsträger wäre. "Schließlich soll die neue Bahntrasse Ende 2004 fertig sein. Dann wird die Fahrt nur noch 90 Minuten dauern", sagte sie. Wenn aber eine Analyse ergebe, dass der Transrapid dennoch sinnvoll sei, würde sie die neuen Planungen begrüßen.

Fischer argumentiert hingegen, dass die Bahntrasse gar nicht teuer ausgebaut werden müsse. "Trotz aller Ankündigungen ist bisher kaum etwas gebaut worden", so Fischer. So müssten noch 52 Bahnübergänge untertunnelt werden. Fischer: "Diese gewaltigen Kosten können gespart werden, wenn wir uns jetzt rasch für den Transrapid entscheiden." Mertens bestätigte zwar Schwierigkeiten bei der Finanzierung der Unterführungen, betonte aber, dass diese weitgehend überwunden seien: "Bahnchef Mehdorn hat gerade erst bestätigt, dass der neue ICE im Dezember 2004 seinen Betrieb aufnehmen wird."

Fischer hält vielmehr die Einweihung des Transrapid im Jahr 2010 oder 2011 für möglich. Rechtzeitig zu Olympia könnten die Fahrgäste in 53 Minuten von Berlin nach Hamburg reisen. Da man auf die alten Planungen zurückgreifen könne, würden die Planungskosten noch 100 Millionen Euro betragen. Baubeginn könne 2007 sein. Nicht nur bei vielen Hamburgern aus Politik, Wirtschaft und Gesellschaft (wir berichteten), sondern auch in Berlin wächst die Zustimmung zur Wiederaufnahme der Planungen.

Merkel in China 2006:

Die Kanzlerin möchte Transrapid fahren

Wirtschaftsverträge wurden auf der ersten China-Reise von Bundeskanzlerin Angela Merkel zwar haufenweise geschlossen - doch nicht über den Transrapid.

Insgesamt 19 Wirtschaftsverträge wurden auf der Reise der Bundeskanzlerin Merkel (CDU) geschlossen - doch für das Projekt der Verlängerung der Transrapid-Strecke von Shanghai in das 160 Kilometer entfernt Hangzhou gab es keine sichtliche Bewegung. Chinas Ministerpräsident Wen Jiabao sprach davon, dass die Strecke derzeit noch geprüft werde. Zumindest äußerte Merkel die Hoffnung, dass das Projekt in einigen Jahren zustande kommt. "Wenn ich in ein paar Jahren wiederkomme, fände ich es sehr schön, wenn ich mit dem Transrapid von Shanghai nach Hangzhou fahren könnte", sagte die Kanzlerin. In der deutschen Delegation war in den vergangenen Tagen der Eindruck entstanden, als wollten die Chinesen den Besuch Merkels ausnutzen, um in letzter Minute weitere eigene Vorstellungen zur Transrapid-Strecke durchzusetzen. So forderten die Chinesen von den Deutschen eine staatliche Unterstützung in Höhe von mehreren hundert Millionen Euro - ähnlich der Hilfen der Bundesregierung für den ersten Bauabschnitt des Transrapid von der Innenstadt Shanghais bis zum Flughafen.

Flop in Schanghai – *DIE ZEIT 21. 2. 13*

Der Transrapid in Shanghai war ein Prestigeprojekt. Vor fast genau zehn Jahren weihten der damalige Bundeskanzler Gerhard Schröder und der damalige Premierminister Zhu Rongji die 30 Kilometer lange Strecke zwischen Flughafen und Shanghai ein. Ein Vorzeigeprojekt deutscher Ingenieurskunst, eine Touristenattraktion. Kurz vor dem pompösen Termin hatte die Magnetschwebebahn, die in China Maglev heißt, gerade einen Geschwindigkeitsrekord von 512 Stundenkilometern aufgestellt.

Die Hoffnungen der Hersteller waren riesig in Deutschland selbst ohne Zukunft, setzten Siemens und Thyssen-Krupp auf lukrative Folgeaufträge aus dem Reich der Mitte. Der Transrapid sollte gar Shanghai und das 1.300 Kilometer entfernte Peking verbinden. Doch das war irgendwann der nationalen Planungsbehörde zu teuer. Dann wurde viele Jahre lang noch über eine Anbindung Schanghai-Hangzhou verhandelt, immerhin 180 Kilometer lang.

Noch voller technischer Begeisterung: Chinas Ministerpräsident Zhu Rongji und Bundeskanzler Gerhard Schröder bei der Einweihung der Transrapid-Strecke in Schanghai am 31. Dezember 2002.

Doch selbst davon redet inzwischen keiner mehr. Der Transrapid in China ist gefloppt. Eine Geschichte wie so viele: China entwickelt selbst Technologien - und ausländische Investoren, die große Hoffnungen hegen, bleiben auf der Strecke.

Solange Shanghai sich für die Expo 2010 herausputzte, schmückte sich die Stadtregierung gern mit der futuristisch anmutenden Magnetschwebebahn. Inzwischen aber bereuen selbst die Stadtoberen den Bau, der umgerechnet rund eine halbe Milliarde Euro gekostet hat. Bislang endet die Strecke im Vorort Longyan. Immer wieder war eine Verlängerung bis in die Innenstadt im Gespräch. Das ist nun kein Thema mehr. Die Transrapidstrecke, sie verwaist langsam.

Auch die Auslastung hat die Erwartungen nicht erfüllt. Shanghais Bürger haben schon lange das Interesse am Transrapid verloren. 50 Yuan, rund sechs Euro, kostet die rund achtminütige Fahrt vom Flughafen in die Stadt. Das ist zwar schnell, aber auch teuer. Zumal der

Fahrgast eben noch lange nicht in der Innenstadt ist. Er muss im Vorort Longina erst noch in die U-Bahn umsteigen. Die wiederum verkehrt inzwischen selbst direkt zwischen dem Flughafen Pudong und der Innenstadt- für gerade einmal acht Yuan.

Inzwischen setzt sich ein anderes Transportmittel in China durch: der ganz normale Hochgeschwindigkeitszug aus chinesischer Produktion. Er schafft nicht nur ähnliche Geschwindigkeiten wie der Transrapid, wenn dieser im Regelbetrieb fährt, sondern ist auch sehr viel günstiger. Und ein weiterer Vorteil für China Es gibt keine nervigen Streitereien mit Deutschland über Patente.

Das Ende in Lathen 2012

Ein Bericht im Internet

Das endgültige Aus der Transrapid-Teststrecke im emsländischen Lathen ist besiegelt. Der fast 32 Kilometer lange Rundkurs im Emsland wird stillgelegt, die Abbauarbeiten sollen in Kürze beginnen. " Die Versuchsanlage wird planmäßig ab Anfang 2012 zurückgebaut „, sagt der Sprecher des Bundesverkehrsministeriums. Die Kosten von voraussichtlich 40 Millionen Euro trägt der Bund. Fast 30 Jahre lang drehte das einstige Vorzeigeobjekt deutscher Ingenieurskunst in Lathen seine Runden. Die verschiedenen Modelle legten dabei etwa 800.000 Kilometer zurück. Die Fahrt mit einer spanischen Delegation am 28. November wird als letzte in die Geschichte eingehen. Kommerziell vermarktet werden konnte die Technik nur einmal: Seit 2003 fährt der Transrapid in der chinesischen Metropole Shanghai.

Ein schwerer Unfall mit 23 Toten im September 2006 war der Anfang vom Ende der Versuchsanlage. Damals raste ein Transrapid mit 170 Stundenkilometern in einen auf der Strecke stehenden Werkstattwagen. Seitdem ist es still geworden in Lathen. Wo einst mehr als eine halbe Million Besucher den Temporausch mit Geschwindigkeiten bis zu 450 Stundenkilometer erlebten, waren Touristenfahrten fortan verboten. Das neue Modell "TR 09" fuhr nur noch selten, weil die Kaufinteressenten rar gesät waren.

Weitere Hiobsbotschaften folgten: Im März 2008 scheiterte das letzte kommerzielle Projekt in Deutschland. Die geplante Trasse zwischen Hauptbahnhof und Flughafen in München wurde wegen ausufernder Baukosten zu den Akten gelegt. 2011 erklärten die Transrapid-Entwickler Siemens und Thyssen-Krupp, dass die Versuchsanlage verzichtbar sei, weil die Technik "Marktreife" erlangt habe.

Kurz darauf stoppte der Bund, der bislang 1,5 Milliarden Euro in den Transrapid investiert hat, seine Zuschüsse für den Testbetrieb. Ende 2011 lief die Betriebsgenehmigung aus. Teile der Anlage sollen jedoch erhalten bleiben. Parallel zum Rückbau wird auf dem Gelände ein Kompetenzzentrum für Elektromobilität entstehen. Die Belreibergesellschaft IABG will die berührungsfreie Aufladung von Batterien. (Induktion) während der Fahrt weiterentwickeln.

Der Transrapid in Schanghai – ein teures Geschenk

Am 1. Februar 2013 schrieb die „Frankfurter Rundschau“:

SCHANGHAI. Hier? "Ja, hier", sagt der Taxifahrer und stößt die Tür auf. Bis zum Bahnhof Longyang will er nicht fahren. "Dort finde ich keine Passagiere", entschuldigt er sich. Der Fahrgast soll also bitte an der Kreuzung davor aussteigen. Tatsächlich ist der Taxistand vor der Station abgesperrt, die Anwohner spielen dort jetzt Federball.

Unbeliebt und ungepflegt

So weit ist es also gekommen mit Deutschlands einstigem Zug der Zukunft. Longyang ist die Endhaltestelle des Transrapid, der seit zehn Jahren in Schanghai fährt. Die 30 Kilometer lange Verbindung zwischen der Metropole und ihrem internationalen Flughafen Pudong war die erste kommerzielle Schwebebahnstrecke der Welt. Wahrscheinlich wird sie auch letzte sein. Denn von der Begeisterung für den rasend schnellen Magnetzug ist wenig geblieben, weder bei seinen deutschen Entwicklern, noch bei den chinesischen Betreibern.

Nicht einmal die wenigen Passagiere, die an diesem Morgen 50 Yuan (sechs Euro) für die achtminütige Fahrt bezahlen, kommen auf ihre Kosten. Die türkisfarbenen Sitzbezüge sind fleckig, aus den Fensterrahmen lösen sich die Dichtungen und die Tempoanzeige erreicht nur 301 Stundenkilometer. Beworben wurde der Transrapid mit einer Geschwindigkeit von 430 km/h, doch weil die Betreiber Strom sparen wollen, absolviert der Zug die meisten Fahrten langsamer. "Enttäuschend" findet das eine französische Touristengruppe, die aus Neugier auf das technische Wunderwerk für die Fahrt zum Flughafen den umständlichsten aller Wege in Kauf genommen hat. Der Transrapid endet fernab des Zentrums. Von den meisten Teilen der Stadt aus gelangt man per U-Bahn oder Taxi ähnlich schnell zum Flughafen, und zwar oft bequemer und billiger.

Geplant war das anders. Als Bundeskanzler Gerhard Schröder und Chinas Premier Zhu Rongji die Strecke am 31. Dezember 2002 einweihten, galt sie als Symbiose aus chinesischer Fortschrittsfreude und deutscher Ingenieurskunst. Das Konsortium aus ThyssenKrupp,

Siemens und Adtranz hoffte, die mit Hilfe von 1,2 Milliarden Euro deutscher Steuergelder entwickelte Technologie werde in China endlich den Durchbruch schaffen. Eine Verlängerung des Flughafenzubringers in die Schanghaier Innenstadt war ebenso im Gespräch wie eine Strecke in die 170 Kilometer entfernte Stadt Hangzhou. Selbst eine 1300 Kilometer lange Transrapidtrasse in die Hauptstadt Peking wurde diskutiert. Daneben umwarb man potenzielle internationale Kunden. Unter anderem wollen die Lobbyisten aus den USA, Südkorea und Dubai Anfragen bekommen haben. Vor allem wegen der gewaltigen Baukosten wurde daraus nichts. Allein die 30-Kilometer Strecke in Schanghai kostete mehr als eine Milliarde Euro.

Abschied vom Prestigeprojekt

Chinesischen Medienberichten zufolge bereuen die Schanghaier heute, sich den teuren Zug angelacht zu haben. Schon vor der Weltausstellung 2010 gaben die Stadtväter das Projekt verloren und verlängerten anstelle des Transrapids die U-Bahn-Linie 2, die nun ebenfalls zum Flughafen Pudong fährt.

Die einflussreiche Hongkonger Zeitung South China Morning Post beschrieb den Transrapid kürzlich als überteuertes Prestigeprojekt. Die Auslastung liege nur zwischen zehn und zwanzig Prozent. Um mehr Passagiere anzulocken, sollen die Behörden Schanghaier Unternehmen unter Druck setzen, Kartenkontingente zu kaufen, schrieb die Zeitung. Die staatliche Fluglinie China Eastern Airlines, die ihren Heimatflughafen in Schanghai hat, verteilt Transrapidtickets als Werbegeschenke. Zwar weigert sich die chinesische Betreibergesellschaft, ihre Passagierzahlen oder andere Statistiken zu veröffentlichen. Doch chinesische Medien berichten von einem großen Verlustgeschäft von umgerechnet 71 bis 83 Millionen Euro im Jahr.

Auch das Versprechen, die Reise im Transrapid sei eine sanfte Schwebefahrt, hält der Zug nicht. Der mitgebrachte Kaffee schwappt gefährlich im Becher, und der Versuch, ins Notizbuch zu schreiben, endet mit Krickelkrakel. Das Problem existiert seit Jahren und wurde von Konsortiumsvertretern damit erklärt, dass die Betreiber das System nicht richtig eingestellt hätten. Doch entweder haben die chinesischen Betreiber dazu keine Lust, oder sie haben es aufgegeben, den widerspenstigen Zug justieren zu wollen. Für die wenigen Passagiere lohnt das ja auch kaum. Für den Transrapid, so scheint es, ist in Schanghai Endstation.

Der letzte Versuch in München und Frau Merkel lobt 2007 Stoiber für seinen letzten Coup: Den Transrapid vom Münchner Hauptbahnhof zum Flughafen

"Stoibers letzter Schachzug Transrapid"

Kanzlerin Angela Merkel hat zum Abschied Edmund Stoibers die politische Lebensleistung des bayerischen Ministerpräsidenten und CSU-Chefs gewürdigt. "Die Deutschen können vom Freistaat lernen“, sagte Merkel am Freitagabend beim CSU-Parteitag in München. Stoiber habe von Anfang an gestaltet und dabei stets einen "ganz klaren Blick für Herausforderungen" bewiesen. Merke! machte sich auch für die Transrapid-Strecke in München stark. "Dein letzter Schachzug, lieber Edmund, das war der Transrapid." Sie bezog sich auf die weitgehende Einigung über die Finanzierung der umstrittenen Münchner Transrapid-Strecke vor wenigen Tagen. "Eine Technologie, die in einem Land erfunden wird, muss in dem Land auch angewendet werden“, sagte die Bundeskanzlerin.

"Ansonsten wird sie keinen breiten Markt finden." Sie verspreche, dass in der weiteren Diskussion nicht im Vordergrund stehen solle, "dass es nicht geht“, sondern "dass es geht“. Bundesverkehrsminister Wolfgang Tiefensee (SPD) hatte zuletzt vor Mehrkosten gewarnt und erklärt, er wolle den Transrapid, "aber nicht zu jedem Preis". Stoibers Rundfunk-Werbung für den Transrapid in München bekam später wegen seiner fantasievollen Versprecher Kultstatus im Internet.

Am Ende scheiterte der Transrapid auch in München

Der Transrapid vom Münchner Hauptbahnhof zum Flughafen war von 2000 bis 2008 eine der gewünschten Anwendungsstrecken. Es war vorgesehen, eine etwa 37 Kilometer lange Strecke zu errichten, auf der im Zehn-Minuten-Takt verkehrt werden sollte. Mit einer Spitzengeschwindigkeit von 350 km/h sollte die Fahrzeit zehn Minuten betragen. Nachdem die Prognose der Kosten von 1,85 Milliarden auf mehr als drei Milliarden Euro angestiegen war, einigten sich Bund und Land (mit dem Nachfolger Stoibers, Günther Beckstein) am 27. März 2008 darauf, das Projekt nicht zu realisieren.

Am 11. Mai 2010 sagte Merkel energisch NEIN zu Transrapid-Plänen für den Iran

Bundeskanzlerin Merkel hat den Planungen für eine Transrapid-Strecke im Iran eine klare Absage erteilt: „ich halte deutsche Hilfe beim Bau des Transrapids in einem Land, dessen Präsident Israel vernichten will, für völlig inakzeptabel“, sagte sie dem Nachrichten-Magazin *Spiegel.*

Anhang: Die Texte im Wortlaut

(1) Antrag der CDU/CSU-Fraktion im Deutschen Bundestag vom 24. Juni 1998

„Die Entscheidung der Bundesregierung über den Bau der Transrapid-Strecke Hamburg - Berlin ist Ausdruck einer Politik, die Innovation fördert und durch Realisierung zukunftsweisender und umweltfreundlicher Verkehrstechnologien den Wirtschaftsstandort Deutschland sichert. Das neue Finanzierungs- und Managementkonzept im Rahmen einer Public-Private-Partnership ist beispielhaft für das Zusammenwirken von Wirtschaft und öffentlicher Hand.

Für die deutsche Volkswirtschaft ist das von dem Projekt ausgehende Signal von ebenso großer Bedeutung wie sein Vorteil für den Verkehr zwischen Hamburg und Berlin und sein konkreter volkswirtschaftlicher Nutzen in Form von neuen Arbeitsplätzen, die direkt und indirekt geschaffen werden.

I. Der Deutsche Bundestag begrüßt, dass zwischenzeitlich die rechtlichen Grundlagen für die Anwendung der Magnetbahn in Deutschland geschaffen sind, die Planfeststellungsverfahren zügig vorangehen und die Realisierung des Projekts voll im Zeitplan liegt.

II. Der Deutsche Bundestag fordert die Bundesregierung auf, alle jetzt notwendigen weiteren Schritte konsequent zu verfolgen. damit der Transrapid, wie geplant, im Jahr 2005 in Betrieb gehen und die beiden größten deutschen Städte Hamburg und Berlin in einer Zeit von knapp einer Stunde verbinden wird, ihre offene und sachorientierte Informationspolitik gemeinsam mit den Projektpartnern fortzuführen, um noch bestehende Unsicherheiten und Vorbehalte gegenüber der neuen Verkehrstechnologie auszuräumen.

(2) Oppositionsführer Ottfried Hennig am 2. März 1994 im Kieler Landtag

Schleswig-Holsteins Sozialdemokraten verhalten sich wieder einmal wie "der Geist, der stets verneint": Gegen die Kernenergie! gegen die Gentechnologie jetzt gegen den Transrapid Wenn es um Zukunftstechnologien geht, fällt Ihnen nichts anders ein als "Nein". Mit dieser Ausstiegspolitik - Ausstieg aus modernen Technologien, Ausstieg aus Verantwortlichem Handeln! Ausstieg aus der Zukunft - gefährden Sie nicht nur den Wirtschaftsstandort Schleswig-Holstein sondern im aktuellen Fall auch den Standort Deutschland in dramatischer Weise.

Ihre sachlichen Bedenken können nicht überzeugen: Sie halten sich an sogenannte Experten. deren Argumente schon längst widerlegt sind. Dies betrifft Ihre zu pessimistische Fahrgastschätzung, die die Dynamik der Verkehrsentwicklung völlig außer Acht lässt. Warum sollte für die Metropolen Hamburg und Berlin nicht genau das gleiche gelten wie für Paris und Lyon: Dort hat sich binnen zehn Jahren nach Einführung des TGV das Verkehrsaufkommen verzehnfacht

Noch abwegiger empfinde ich die Kritik von Umweltschutzverbänden. Kein Verkehrssystem ist gerade aus ökologischen Gründen so wertvoll wie der Transrapid: Er verbraucht etwa ein Drittel weniger Sekundärenergie als die Eisenbahn, seine Geräuschentwicklung ist viel geringer als startende und landende Flugzeuge. Gerade als Alternative zu den inländischen Kurzstreckenflügen ist der Transrapid ein ökologischer Fortschritt. Immerhin erkennt dies auch die Landesregierung an. In Ihrer Stellungnahme vom 24. Februar 1994 heißt es: "Die Magnetschwebebahn ist eine moderne Verkehrstechnologie mit einer energetischen und ökologischen Bilanz, die gegenüber anderen Verkehrstechniken gut besteht und keine Veranlassung bietet das Technologische System abzulehnen."

Warum aber, so frage ich Sie, lehnen Sie dann eine Referenzstrecke zwischen Hamburg und Berlin ab? Endlich, endlich haben wir die große Chance, ein Stück Zukunftstechnologie mit weltweiten Exportmöglichkeiten pionierhaft bei uns im Norden anzusiedeln. Aber Sie sagen wieder ‚Nein!‘.

.

Ihre Ablehnung des Transrapid ist nichts anderes als der populistische Kniefall vor Protesten aus der Region. Anstatt aufzuklären und zu informieren, reihen Sie sich ein in die Schar der

Zukunftsgegner. Ein Armutszeugnis für diese Landesregierung! Dies war nicht immer so: "Ich denke, unsere Bitte müsste eigentlich doch sein ... an die Regierungen von Hamburg, von Schleswig-Holstein, von Niedersachsen, ganz schnell so etwas wie eine Planungsgruppe hinzukriegen, die das abklärt, diesen Vorschlag prüft. Denn wenn: das realisiert wird. wird sich die Attraktivität dieser Region im Norden um einiges erhöhen ..." So der Originalton des SPD-Landesvorsitzenden Piecyk auf dem Unternehmertag 1991.

In der "Eisenbahn-Technischen Rundschau" vom Oktober 1992 lesen wir: "Das Bundesland Schleswig-Holstein sieht in der geplanten Transrapid-Strecke positive erzielbare Verlagerungseffekte von der Straße auf die Schiene, was jedoch nur möglich wird durch ein korrespondierendes Verkehrssystem wie den Transrapid, das in der Lage ist den Schienenverkehr wirkungsvoll zu entlasten und diesen damit in seiner Leistungsfähigkeit wesentlich zu steigern.... Falls die Trasse entlang der Autobahn A 24 geführt wird, so ist dies die günstigste Lösung hinsichtlich Schutzes der Landschaft und Minimierung des Flächenverbrauchs."

Soweit der Bericht der Zeitschrift. Zitiert wird darin der damalige Staatssekretär im Wirtschaftsministerium, Peer Steinbrück. Damals lagen Sie noch richtig, damals durften Sie wohl noch sagen, was Sie wirklich dachten. Heute liegen Sie an der Kette der Ideologen im SPD-Landesverband. Der Wirtschafts- und Verkehrsminister muss sich gegen seine eigene Überzeugung diesen Ideologen anpassen. Hier geht die Saat der Eckernförder Erklärung auf. Armes Schleswig- Holstein!“

(3) Bundesverkehrsminister Wissmann im März 1994 in ntv

„Es geht letztlich auch darum, ob wir in Deutschland noch fähig sind, große Zukunftstechnologien durchzusetzen oder ob wir sie nach und nach ins Museum fahren lassen mit dem Verlust an Arbeitsplätzen, an Ingenieurkapazität, an Innovationsgeist, an Forschungspotential. Industrie und Staat haben fast 2,5 Milliarden D-Mark bisher in die Entwicklung des Transrapid gegeben. Wenn wir jetzt die Entscheidung, ihn auf der Strecke Hamburg-Berlin zu bauen, nicht treffen, dann haben wieder mal 2,5 Milliarden D-Mark sich irgendwo im Sand verloren.

Für mich ist es ein Bündel von Gründen, nicht nur verkehrspolitische, ganz besonders auch wirtschaftspolitische, technologiepolitische, auch industriepolitische, warum ich für den Transrapid bin. Ein Land, das so hohe Löhne hat wie wir, kann sich auf Dauer auf den Weltmärkten nur mit Produkten behaupten mit einer besonderen Wertschöpfung. Und das sind beispielsweise so technologieintensive Produkte wie der Transrapid.

Aber was ist mit den Stellungnahmen aus dem Wissenschaftlichen Beirat?

Die Professoren sagen auch, dass wir mit dem jetzigen Finanzierungskonzept des Transrapid einen Fortschritt erzielt hätten gegenüber früheren ... Jetzt wird der Betrieb des Transrapid nach dem jetzt vorliegenden Vorschlag ausschließlich von privaten Investoren finanziert, ohne staatliche Subventionen.

Und nur die Strecke selbst - übrigens wie bei der Bahn auch - wird von der öffentlichen Hand finanziert, und die bekommt ein Nutzungsentgelt vom Betreiber, dem privaten Konsortium im Laufe der Jahre zurückbezahlt. Natürlich ist bei Verkehrswissenschaftlern ein Verkehrsargument überwiegend. Und das heißt: Ihr habt doch schon den ICE, für die Strecke Hamburg Berlin braucht Ihr nicht zwingend den Transrapid.

Ich sage auch ganz offen: Allein aus Verkehrsgründen, wegen einer halben Stunde schneller oder weniger schnell, brauche ich den Transrapid auf der Strecke nicht zwingend. Aber wir sind schließlich eine Industrienation, wir haben hier eine Verkehrstechnik, die ins 21. Jahrhundert reicht, eine, bei der wir fünf Jahre vor den Japanern liegen in der technischen Entwicklung. Eine, von der viele sagen, sie könnte eine ergänzende Technik sein für das nächste Jahrhundert im Anschluss an die Rad-Schiene-Technik. Wollen wir einen wissenschaftlichen Vorsprung dieser Art verspielen, oder wollen wir ihn nützen? Verkehrspolitisch gibt es genügend Pro und Contra, das will ich gar nicht bestreiten. Aber verkehrs- und industriepolitisch und wirtschafts- und technologiepolitisch, in der Summe der Gründe, gibt es weit mehr Pro als Contra.

Frage zu den Exportchancen?

Es war so, dass beim ICE wir auch wegen tausend Bedenken, Deutschland ist ja ein Land von Bedenkenträgern, zu lange gewartet haben, bis wir ihn eingeführt haben. Ergebnis: Die Franzosen waren ein paar Jahre früher. Ergebnis: Die Franzosen verkaufen den TGV gegenwärtig auf den Weltmärkten noch besser als wir den ICE. Wenn wir jetzt wieder mal - typisch deutsch - jahrelang nur Bedenken austragen, statt zu entscheiden, dann machen wir mit dem.fortschrittlichsten Konzept, das wir verkehrstechnisch haben, mit der Magnetbahn, dasselbe wie beim ICE.

Letztlich geht es um die Frage: Sind wir als große Technologienation, von der unsere Arbeitsplätze abhängen, fähig, Industrie und Politik, Zukunftsentscheidungen durchzusetzen, oder sind wir ein Volk von Bedenkenträgern, das wegen seiner ständigen Tendenz, Entscheidungen zu verschieben, auch Arbeitsplätze gefährdet? Und bei der Frage wird am Ende doch ein relevanter Teil der Opposition mitziehen.

(4) Klaus Daubertshäusers „frühe Zweifel" im Mai 1992

„Während im Bereich der Systemtechnik und des Umweltschutzes keine unüberwindbaren Probleme mehr gesehen werden, gibt es im verkehrswirtschaftlichen und finanziellen Bereich eine Reihe überaus kritischer Aspekte.

So betonten alle Experten, dass der Transrapid verkehrswirtschaftlich nur dann Sinn macht, wenn es gelingt, eine optimale Verknüpfung mit Bahn, ÖPNV und Individualverkehr in den Innenstädten herzustellen. Ob und zu welchen Kosten dies - insbesondere die Einführung in die Innenstädte - gelingen kann, ist zurzeit noch völlig offen. Auch die gelegentlich als Ausweg genannte Mitbenutzung von Bahngleisen im Stadtbereich - der sogenannte bivalente Fahrweg - bietet hier keine Lösung. Abgesehen von derzeit unüberwindbaren Sicherheitsproblemen wäre ein solches Verfahren bei den angestrebten kurzen Taktzeiten von Bahn und Transrapid auch von der Kapazitätsseite her sinnlos.

Eindeutig lehnten alle Sachverständigen den von Verkehrsminister Krause nach wie vor angestrebten Großflughafen Parchim und dessen Transrapid-Anbindung als verkehrswirtschaftlich unsinnig ab. Klare Aussagen gab es auch zur Finanzierung einer Transrapid - Referenzstrecke: Während die Industrie in der Vergangenheit noch eine reine Privatfinanzierung in Aussicht stellte, ist heute davon keine Rede mehr.

Als Betreiber des Transrapid kommt ausschließlich die Bundesbahn, eventuell unter Beteiligung der Lufthansa in Betracht, da nur so die notwendige Einbindung des Transrapid in das spurgebundene Verkehrsnetz sichergestellt werden kann und eine unvertretbare Konkurrenzsituation zwischen Transrapid und IC/ICE vermieden werden kann. Unter dieser Bedingung ist eine Privatfinanzierung der Referenzstrecke wegen der hohen Kapitalbindung über eine lange Bauzeit hinweg für die Industrie ausgeschlossen. Damit entfällt eine auch von der Bundesregierung stets genannte Voraussetzung für die konkrete Anwendung des Transrapid-Systems in der Bundesrepublik."

(5) Klaus Daubertshäuser legte am 1. März 1994 nach

„Der Transrapid ist eine technische Insellösung, das heißt, er ist nicht kompatibel mit dem europäischen Rad-Schiene-Hochgeschwindigkeitsnetz, ist also auch nicht kompatibel mit den verkehrspolitischen Vorstellungen der anderen europäischen Nationen, übrigens auch mit denen Deutschlands nicht. Finanzpolitisch ist es so, dass in einer Zeit, in der eisernes Sparen angesagt ist, eigentlich kein Geld vorhanden sein kann für ein derartig risikobeladenes Finanzgeschäft. Das Risiko ist bisher, bei den Forschungsmitteln, mit eins zu sechs beim Bund gewesen und soll offensichtlich nach den Vorstellungen der Industrie auch bei der Realisierung ebenfalls voll beim Bund verbleiben. Das kann man auf keinen Fall gutheißen.

Arbeitsmarktpolitisch vermag ich keine positiven Effekte zu sehen, die wir nicht auch mit dem ICE, also mit dem Rad-Schiene-Techniksystem, in unserem Lande hätten. Im Gegenteil, ich befürchte sogar ein negatives Nullsummenspiel, weil ich mir vorstellen kann, dass der schärfste Bewerber gegen den ICE, der französische TGV, eine Entscheidung pro Transrapid als ein Signal nehmen könnte, um auf den internationalen Märkten darauf hinzuweisen: Deutschland, unser schärfster Wettbewerber, verabschiedet sich aus der Rad-Schiene-Technik. Insofern ist dies auch industriepolitisch der völlig falsche Ansatz. In der jetzigen Phase, wo es einen riesenhaften Weltmarkt für die Rad Schiene-Technik gibt, hätten wir verstärkt in die Rad-Schiene-Technik, für den ICE, aber auch für Nahverkehrssysteme auch Forschungs- und Entwicklungsgelder investieren müssen, um auf diesem lukrativen Weltmarkt ein deutliches Signal pro Made in Germany zu setzen.

Hamburg-Berlin ist zudem noch nicht einmal verkehrspolitisch umsetzbar. Da bis zum heutigen Tag die Einfädelung in die Innenstädte nicht gelöst ist, vermag ich nicht zu sehen, wo hier ein verkehrspolitischer Sinn dahinterstecken soll...Wir haben heute 1,3 Millionen Passagiere auf der Bahn und weit unter eine Million in der Luft. Wenn alles umgelenkt werden sollte, kommen wir bei weitem noch nicht auf die 14 Millionen. Der TGV hat in seinen Glanzzeiten vom Status quo eine Verdreifachung in zehn Jahren erzielt, aber keine Verzehnfachung.

Und zu den Exportchancen?

In Europa sehe ich überhaupt keine Chancen, weil das europäische Hochgeschwindigkeitsnetz auf Rad-Schiene-Technik ausgelegt ist. Es mag sein, dass auf dem internationalen Markt der eine oder andere Interessent vorhanden ist. Bisher nur, wenn Deutschland sich bereit erklärt, dies voll zu finanzieren, also voll zu schenken. Ansonsten kenne ich keinen Interessenten.

Und Daubertshäuser als „Prophet“ auf die Frage ob es Anfang des nächsten Jahrtausends in Deutschland eine Magnetschwebebahn geben werde: „Mit Sicherheit nicht zwischen Hamburg und Berlin.“

(6) Ein „Argumentationspapier“ der SPD-Bundestagsfraktion vom Mai 1996

Daran ließe sich schon in wenigen Jahren ggf. der Betrieb darstellen; im Falle von Schwierigkeiten wären die Risiken für den Bundeshaushalt einigermaßen beherrschbar. Darüber hinaus ist die Anwendungsmöglichkeit der Magnetschwebetechnik im Nah- oder Regionalverkehr zu prüfen.

Verkehrspolitisch besteht für die Transrapidstrecke Harnburg-Berlin kein Bedarf. Stattdessen ist die Bahnstrecke durch zusätzliche Investitionen von 0,4 bis 1 Mrd. DM auf eine Fahrtzeit von 1 1/2 Stunden auszubauen. Die Transrapidstrecke wäre im europäischen Hochgeschwindigkeitsschienennetz eine inkompatible Insellösung und damit ein Fremdkörper.

Kritik an der Bundesregierung

Die Bundesregierung hält gegen alle Vernunft am Dinosaurierprojekt Hamburg - Berlin fest. Sie bürdet damit dem Bundeshaushalt und auch der Bahn unvertretbare Belastungen in der Zukunft auf. Für den Steuerzahler droht der Transrapid zum Milliardengrab zu werden. Trotz ständig weiter wachsender Einwände gegen dieses Vorhaben weigert sich die Bundesregierung, eine Kosten-Nutzen-Analyse der Verkehrsverbindungen Hamburg - Berlin unter Einschluss der ICE- und Transrapidstrecke zu erstellen.

Haushaltspolitisch hätte der Bau der Transrapid-Referenzstrecke Hamburg - Berlin unmittelbare Auswirkungen für künftige Länderinvestitionen in die Verkehrsinfrastruktur: 60 % der Mittel kommen aus dem Straßen- und Schienenbau; 40% werden von Forschung, Wohnungsbau und Krankenhausbau beigesteuert werden müssen.

Die Exporterwartungen sind völlig überzogen; ein Exportkonzept fehlt. ICE und Transrapid werden auf ein und demselben internationalen Markt konkurrieren, wobei der Anteil des für den Hochgeschwindigkeits-Schienenverkehr um ein Vielfaches größer ist. Die Konzentration öffentlicher Mittel auf den Transrapid mindert in gleichem Umfang die Marktchancen des ICE.

(7) Aus der Stellungnahme von Edelgard Bulmahn und Wolf-Michael Catenhusen vom 11. Mai 1993

„Eine Forschungspolitik, die dem Schutz der Umwelt und der Lösung ökologischer Probleme verpflichtet sein will, muss auch Beiträge zu einem modernen, ökologisch verträglichen Verkehrssystem liefern. Seit langem schon ist die Frage umstritten, ob zu einem solchen Verkehrssystem der Zukunft auch die Magnetschwebetechnik gehört und wie die Politik weiter mit dem Projekt Transrapid umgehen soll...

Keines der von Thyssen, Siemens und Daimler-Benz/AEG am 1. April vorgelegten Finanzierungskonzepte für eine Transrapid- Anwendungsstrecke Harnburg- Berlin geht von einer rein privatwirtschaftlichen Finanzierung aus. Selbst das der geplanten Bahnreform entlehnte "Strukturreformmodell" erfordert noch mehr als 5,1 Mrd. DM für den im öffentlichen Eigentum verbleibenden Fahrweg und 900 Mio. DM Bundesanteil an den Investitionskosten der Betriebsgesellschaft (Fahrzeuge). Damit trägt der Bund nicht nur das Risiko beim Fahrweg, sondern auch als Anteilseigner der Betriebsgesellschaft - und zwar in einem wesentlich höheren Maße als die Industrie. Der Bau der Transrapidstrecke ist zudem erheblich teurer als der Ausbau der ICE-Strecke Hamburg-Berlin, für den 2,5-3,5 Mrd. DM benötigt werden.

Damit ist das Konzept der Bundesregierung gescheitert,den Transrapid mit öffentlicher Förderung bis zur "technischen Anwendungsreife" zu bringen und die Demonstrationsstrecke von der Industrie selbst finanzieren zu lassen. Ein Bau des Transrapid auf der Basis des jetzt vorliegenden Finanzierungsmodells würde dauerhaft staatliche Mittel binden, die für Investitionen bei der Bundesbahn gebraucht werden und damit für die Bahnreform fehlen. Den Finanzierungsmodellen liegen zudem unrealistische Annahmen zugrunde. Das gilt sowohl für das erwartete Fahr gastaufkommen (40.000 Transrapid-Fahrgäste pro Tag bei heute nur 8.000 in allen Verkehrsträgern) als auch für die Kosten der Fahrwegerstellung. Insbesondere wurden die erheblichen Kosten für die innerstädtischen Streckenführungen und für die Verknüpfung mit anderen Verkehrsträgern unberücksichtigt gelassen.

„Der Transrapid wird in Deutschland und Europa nicht gebraucht“

Der Transrapid kann seine besonderen Potentiale in einem dichtbesiedelten Land wie der Bundesrepublik Deutschland nicht voll entfalten. Beschleunigungsmöglichkeiten und eine Höchstgeschwindigkeit um 500 km/h können sowohl wegen der Dichte der Haltepunkte als auch aus Lärmschutzgründen nicht ausgenutzt werden. Andererseits ist die konventionelle Rad-Schiene-Technik in den letzten Jahren qualitativ weiterentwickelt worden und hat schienengebundene Hochgeschwindigkeitsnetze in fast allen westeuropäischen Staaten möglich gemacht. Die Verkehrspolitik der EG setzt voll auf die intelligente Vernetzung der nationalen Hochgeschwindigkeitssysteme in einem gesamteuropäischen Konzept.

Vor diesem Hintergrund wäre eine Transrapidstrecke von Hamburg nach Berlin eine unvertretbare, den Verkehrsfluss hemmende Insellösung. Selbst für die Fahrgäste, die zwischen Hamburg und Berlin pendeln, ergäben sich keine praktischen Vorteile (Zeitgewinn gegenüber ICE: 6 min). Der erforderliche Bau einer ICE-Strecke zwischen beiden Städten würde hingegen auf Dauer blockiert. Hinzu kommt, dass auch die technische Einsatzreife des Transrapid noch nicht für alle Betriebssituationen erprobt ist. Das gilt insbesondere für Mehrzugbetrieb, Wintertauglichkeit und diverse Sicherheitsfragen.

Fazit: Die Aufnahme einer Transrapid-Referenzstrecke in den Bundesverkehrswegeplan ist politisch nicht zu verantworten

Der Transrapid ist keine Antwort auf die Verkehrsprobleme Mitteleuropas. Seine Stärken können bei einem Einsatz in Deutschland nicht zum Tragen kommen. Eine für Exportaussichten erforderliche Referenzstrecke mag technisch realisierbar sein, aber der Wille zur privaten Finanzierung ist offenkundig nicht vorhanden. In dieser Situation muss die Politik ihre Präferenzen auf die Sanierung und Stärkung der Bahn setzen. Eine Aufnahme des Transrapid in den Bundesverkehrswegeplan und eine (teil-)öffentliche Finanzierung sind unter diesen Bedingungen nicht zu verantworten.“

(8) Elke Ferner äußerte am 26. Januar 1995 finanzpolitische Bedenken gegen den Transrapid:

Es geht nicht an, dass der Haushalt des Bundesministers für Verkehr für risikoreiche Industriesubventionierung herhalten muss. Nachdem schon die Entwicklungskosten für den Transrapid vom Bundeshaushalt getragen wurden, sollen nun nach dem Willen der Bundesregierung im Haushalt des Bundesministers für Verkehr für 1995 erneut 15 Mio. DM eingestellt werden. Für die Jahre '96 bis 2002 soll der Verkehrshaushalt mit 5,6 Mrd. DM für den Fahrweg belastet werden. In der neuen DIW-Berechnung werden die Risiken dieser Haushaltsbelastungen noch einmal unterstrichen.

Im Rahmen der Haushaltsberatungen hat die SPD im Verkehrsausschuss gestern beantragt, die Mittel für Kosten der Planungsgesellschaft für die Transrapid- Verbindung Berlin-Hamburg in Höhe von 15 Mio. DM bis zur Verabschiedung eines Bedarfsplans im Rahmen eines Magnetschwebebahnausbaugesetzes durch den deutschen Bundestag qualifiziert zu sperren. In der Bundesrepublik Deutschland haben Planung und Bau der Verkehrsinfrastruktur des Bundes aufgrund von Bedarfsplänen zur erfolgen, die vom Gesetzgeber beschlossen werden. Für die Straßen- und Schieneninfrastruktur geschieht dies im Bundesfernstraßenausbaugesetz und im Schienenwegeausbaugesetz. Für die Bundeswasserstraßen soll ebenfalls ein Bedarfsplan erstellt werde. Die Bundesregierung scheut sich jedoch, eine entsprechende gesetzliche Grundlage für die Magnetschwebebahn zu schaffen; vielleicht weil dabei herauskommt, dass es keinen Bedarf gibt. Bis zu einer zweifelsfreien Festlegung des Bedarfs durch das Parlament ist das beabsichtigte sehr hohe finanzielle Engagement des Bundes nicht zu rechtfertigen.“

(9) Elke Ferner schrieb an die Bürgerinitiative in Bergedorf

Der Vorsitzende der Sozialdemokratischen Partei Deutschlands, Oskar Lafontaine, und der Kanzlerkandidat der SPD, Ministerpräsident Gerhard Schröder, haben mich gebeten, Ihnen für Ihre Schreiben vom Mai 1998 zu danken und zu antworten. Ministerpräsident Schröder hat Anfang Mai in Köln und vergangenes Wochenende in Rostock dargelegt, dass im Vordergrund unserer Ablehnung der Magnetschwebebahnstrecke Hamburg - Berlin immer die Frage der unzureichenden Finanzierung und der extremen Haushaltsrisiken stand. Hintergrund dafür war und ist unsere Überzeugung, dass die Bahn keinen weiteren Abfluss von Investitionsmitteln verträgt, die ihr ggf. aus den Risiken des Transrapid-Projekts entstehen können.

Ministerpräsident Schröder hat dann sowohl in Köln als auch in Rostock seine Erwartung ausgedrückt, diese für uns zentrale Frage der Finanzierung scheine gelöst.

Die SPD hat nie einen Zweifel daran gelassen, dass sie die Magnetschwebetechnik für eine interessante technologische Innovation hält, an deren Entwicklung die deutsche Industrie führend beteiligt ist Zur Erschließung langfristiger Marktchancen dieser Technik und zur Sicherung dieser erworbenen Kenntnisse in der Transrapid-Technologie schien es uns von Beginn an sinnvoll, auf einer kurzen Anwendungsstrecke, die nicht in Konkurrenz zum IC oder ICE steht, einen Dauerbetrieb unter Echtbedingungen zu erproben. Wir hätten dazu eine Flughafenanbindung favorisiert. Dies hätte den Vorteil gehabt, dass die erforderlichen Aufwendungen begrenzbar sind, in angemessenem Verhältnis zum Nutzen stehen, und dass Ergebnisse des Referenzbetriebs sehr viel früher dem interessierten internationalen Käuferkreis zur Verfügung stünden.

Für die Realisierung eines solchen Projektes hatte und hat für uns die privatwirtschaftliche Finanzierung höchste Priorität. Die Wirklichkeit ist jedoch, dass sich die privaten Investoren, die ursprünglich das Transrapid-Projekt realisieren wollten, inzwischen völlig aus dem Betriebsrisiko für dies Strecke Hamburg - Berlin zu rückgezogen haben. Von einer fairen Risikoverteilung im Sinne von Public Private Partnership kann bei dem von der Bundesregierung vorgelegten Finanzierungskonzept keine Rede mehr sein. Vielmehr deutet heute alles auf eine Vertragsgestaltung zwischen dem Bundesministerium für Verkehr, DB AG und dem privaten Konsortium hin, bei der die privaten Investoren völlig aus dem Risiko für den Transrapid entlassen werden sollen, und stattdessen das gesamte Risiko der Bahn AG als Mühlstein an den Hals gehängt werden soll.

(10) Aus dem Beschluss des SPD-Landesvorstands Schleswig-Holstein vom Mai 1992

Der Transrapid ist weder mit dem in der Bundesrepublik gewachsenen Verkehrssystem, noch mit dem in Europa geplanten Eisenbahn-Hochgeschwindigkeitsnetz vereinbar. Ein zusätzlicher Verkehrsträger im Wettbewerb zum ICE-System macht wirtschaftlich und ökologisch keinen Sinn, da er zusätzliche volkswirtschaftliche Kosten und weiteren Landschaftsverbrauch bedeuten würde.

Mögliche Zeitvorteile des „Transrapid" durch die höhere Geschwindigkeit werden dadurch kompensiert, dass er nicht in die Zentren hineingeführt werden kann. Bei den vorgesehenen Geschwindigkeiten von über 400 km/h erzeugt der Transrapid erheblich mehr Lärm und verbraucht mehr Energie als der ICE. Für eine Verlagerung des Güterverkehrs auf die Schiene, kommt er nicht in Frage. Darüber hinaus sind bis heute eine Reihe weiterer technischer, ökologischer und wirtschaftlicher Fragen nicht oder nicht befriedigend beantwortet.

Dazu gehören u. a.

- Die Errichtung von Lärmschutzanlagen für aufgeständerte Streckenteile,
- die Verknüpfung von mehreren Transrapid-Strecken zu einem künftigen Streckennetz,
- die erforderliche Infrastruktur und ihre Kosten,
- die Standortwahl für die Terminals,
- Sicherheitsaspekte im Dauerbetrieb.

Der Landesvorstand spricht sich dafür aus, dass in Forschung und Entwicklung das System der Magnetschwebebahn und des Linearmotors weiter verfolgt werden. Dabei müssen statt der Entwicklung von Hochgeschwindigkeitssystemen Einsatzmöglichkeiten im öffentlichen Personennahverkehr im Vordergrund stehen, da in den hier gegebenen Geschwindigkeitsbereichen günstige Werte bei den Lärmemissionen und beim Energieverbrauch zu erwarten sind. Das System des Linearmotors sollte auf Anwendungsmöglichkeiten im Rad-Schiene-System hin geprüft werden.

Wir brauchen ein grundsätzliches Umdenken in der Verkehrspolitik, bei dem die Verkehrsvermeidung im Vordergrund stehen muss. Das prognostizierte Wachstum des Personen- und Güterverkehrs in Mitteleuropa als Folge der Öffnung Osteuropas und des EG-Binnenmarktes darf nicht als naturwüchsig hingenommen werden. Verkehrspolitik muss ihre Hauptaufgabe im nächsten Jahrzehnt darin sehen, Verkehr durch eine andere Raumordnungspolitik und durch die Einführung neuer Steuerungsinstrumente zu verringern bzw. zu vermeiden. Dazu ist es unabdingbar, dass das Vollkostenprinzip, das heißt die Anrechnung der internen und externen Kosten wie Umweltzerstörung, Unfallkosten, Gesundheitsbelastungen, Landschaftsverbrauch usw. den einzelnen Verkehrsträgern gegenüber umgesetzt wird.

(11) Der Brief der Bürgerinitiative Escheburg im Wortlaut

Sehr geehrter Herr Kuhlwein,

vielen Dank für Ihren Brief vom 29. Januar diesen Jahres. Es ist uns eine Erleichterung, dass Sie in Ihrem Brief so ausführlich auf die von uns genannten Sorgen und Befürchtungen eingehen. In Ihrem Brief bitte Sie um Mitteilungen über Falschinformationen und Vernebelungsstrategien, die uns im Zusammenhang mit den Informationsveranstaltungen der MPG in unseren Nachbargemeinden Börnsen, Billwerder, Geesthacht und Gülzow aufgefallen sind. Wir haben Ihr Schreiben und damit ebenso unser Anliegen auch an die Verantwortlichen in der BI Börnsen weitergeleitet.

Nichtsdestotrotz möchten wir Ihnen gern unsere Beobachtungen mitteilen, die uns in den letzten Wochen bei der Beschäftigung mit TRANSRAPID aufgefallen sind. Diese Beobachtungen machen uns zutiefst besorgt und misstrauisch, weil wir immer mehr den Eindruck haben, dass wir als Bürger nicht ernstgenommen werden.

Ebenso wie Sie haben auch die Ministerpräsidenten sämtlicher Bundesländer, außerdem die Herren Dr. Kohl, R. Steenblock und Dr. R. Scharping einen gleichlautenden Brief und die Kopien unserer Unterschriftenlisten gegen TRANSRAPID von uns erhalten. Bis heute haben wir auf unsere insgesamt 20 Briefe Antworten bekommen aus

Berlin, Hamburg, Mecklenburg-Vorpommern, Niedersachsen, Rheinland-Pfalz, Sachsen-Anhalt und – im Auftrag von Herrn Dr. Kohl – Herrn oder Frau Förster – des Weiteren ein Antwortschreiben von Frau Elke Ferner im Auftrag von Herrn Dr. Scharping und Ihren Brief. Die einzigen Antwortschreiben, die auf unseren Brief eingehen, dies allerdings sehr detailliert, sind Ihr Brief und der Brief von Frau Ferner. Alle anderen Antworten speisen uns mit lapidaren und z.T. vorgefertigten Auskünften und den offiziellen Stellungnahmen der Landesregierungen bzw. der Bundesregierung ab, ohne weiter auf unsere Argumente einzugehen. Niedersachsen und Sachsen-Anhalt verweisen drauf, dass die Entscheidung für den TRANSRAPID gefallen sei und sie deshalb keine Einflussmöglichkeiten mehr hätten, das Projekt zu stoppen.

Die übrigen Antworten betonen die positive Stellung der Antwortenden zu dem Projekt, und wir können uns des Eindrucks nur schwer erwehren, dass man unsere Argumente gar nicht zur Kenntnis genommen hat. Dabei ist es bezeichnend, dass die meisten Empfänger wenigstens so höflich gewesen sind, uns einen Brief zu schreiben. Wie sehr unsere Einwände missachtet werden, macht jedoch die Reaktion aus Berlin deutlich.

Die Staatskanzlei von Herrn Dr. Diepgen hat unser Schreiben weitergeleitet an die Senatsverwaltung für Verkehr und Betriebe, und von dieser erhielten wir eine Postkarte (1), auf der angekreuzt war, dass sie unser Schreiben "erhalten und mit Interesse zur Kenntnis genommen" haben. Diese Arroganz entsetzt uns doch ziemlich, weil sie unseres Erachtens deutlich zeigt, dass man unsere Einwände entweder nicht zur Kenntnis zu nehmen bereit ist oder sich nicht (mehr) zuständig fühlt. Zum anderen sind wir empört darüber, wie man mit uns Bürgern umgeht und z.T. gezielt versucht, uns mundtot zu machen.

Aus der Geesthachter Bürgerinitiative wissen wir von einem ziemlich aktiven Mitstreiter, der inzwischen durch sein Engagement so viele Nachteile für sich befürchtet, dass er gebeten hat, seine Adresse nicht mehr zu veröffentlichen. Aus unserer BI habe ich, Gritta Koetzold, am 24. 1995 schriftlich bei der MPG um Informationen zum TRANSRAPID gebeten, um mir objektiv meine Meinung bilden zu können.

Das Schreiben, an die MPG-Stelle in Hamburg gerichtet, wurde von der Firma Obermeyer aus München beantwortet, und zwar so, dass man mir Fragen beantwortete, die ich gar .nicht gestellt hatte, ganz offensichtlich eine "Präventiv-Maßnahme". Als Prävention ordne ich auch die Anmerkung am Ende des Schreibens ein, dass man mein Schreiben den Geschäftsstellen der MPG Hamburg und Schwerin zur Kenntnis gegeben habe. Es macht mich ziemlich betroffen, dass ich noch nicht einmal schlicht um Informationen bitten kann, ohne gleich bei der MPG "gespeichert" zu werden.

Am 25. 1. 96 fand in Gülzow eine Informationsveranstaltung der MPG statt, an der drei Mitglieder der BI Escheburg teilnahmen. Bei dieser Veranstaltung vertrat Herr Jablonski die MPG, Herr Kurp sollte eigentlich auch kommen, war aber nicht anwesend. Dort fielen uns mehrere Punkte unangenehm auf. Herr Jablonski war nicht in der Lage oder willens, auf die Fragen der Bürger einzugehen. Er musste mehrmals zugeben, dass er keine Antworten auf technische Fragen hatte, und verwies auf die Techniker in Lathen. Ebenso erwies er sich als nicht gut vorbereitet, um es gelinde zu sagen! Er hatte offensichtlich nicht damit gerechnet, dass er auch Bürgern aus benachbarten Gemeinden würde Rede und Antwort stehen müssen, und hatte dementsprechend keine Ahnung von dem unter Umständen geplanten Trassenverlauf und geographische Gegebenheiten.

Unsere Frage, wie er sich denn im Bereich Escheburgs den Lärmschutz vorstelle, bei gleichzeitiger aufgeständerter Querung des Elbhangs, erwiderte er mit der Gegenfrage, ob denn in dem Bereich überhaupt Bebauung vorhanden sei. Einige Fragen beantwortete er auch nach mehrmaligem Nachfassen nicht; dabei handelte es sich immer um Fragen, die die Akzeptanz des Projekts und die Informationspolitik der MPG kritisch beleuchteten. Als interessant erwies sich einige Tage später seine Information, der bivalente Fahrweg sei inzwischen nicht mehr in der Diskussion.

Am 29. 1..96 nahmen drei Mitglieder unserer BI an einer Informationsfahrt der MPG nach Lathen teil. Bereits auf dem Hinweg bekamen wir im Bus drei Videofilme zu sehen. In dem einen wurde der bivalente Fahrweg dezidiert als die Lösung für die Einfahrt in den

Hamburger Hauptbahnhof hingestellt Ein weiterer Film beschrieb die Strecke von Hamburg nach Berlin und ging dabei nur von der Nordtrasse aus; die Südtrasse wurde nicht erwähnt. Beide Beobachtungen lassen unseres Erachtens starke Zweifel aufkommen an der Wahrheit der MPG-Aussagen. Mit solchen Argumenten zu werben, wenn sie von der MPG selbst dementiert werden, ist schlicht eine Falschaussage. Es mag dahingestellt bleiben, ob man einfach nur vergessen hat, die Filme gegen eine aktuellere Version auszutauschen, oder ob damit gezielt die betroffenen Bürger in Sicherheit gewiegt werden sollen.

Als Verschleierungstaktik empfanden wir dann die Vorführung des TRANSRAPID, vor allem, als uns auf dem Besucherhügel die geringe Geräuschentwicklung demonstriert werden sollte Zum einen fanden wir es sehr problematisch, wenn wir die Geräuschentwicklung beurteilen sollen, und uns auf gleicher Ebene mit dem TRANSRAPID befinden, denn Schall breitet sich kugelförmig aus. Diese "Hördemonstration" lässt also keinerlei Aussagen zu über die Schallentwicklung in der Realität Ebenso wenig Aussagen über die Realität lassen sich in Bezug auf die Schallentwicklung in Abhängigkeit von der Geschwindigkeit machen. Denn den TRANSRAPID bei „voller" Geschwindigkeit - 420 km/h - konnten wir auf dem Besucherhügel nicht hören. Seine Höchstgeschwindigkeit erreicht TRANSRAPID erst auf der geraden Strecke In Anbetracht dieser Lage empfinden wir es als bewusste Irreführung, wenn uns als technisches Problem dargestellt wird, höhere Geschwindigkeiten nicht fahren und auch die Geräuschentwicklung nicht demonstrieren zu können, weil dafür die gerade Strecke nicht ausreiche. Was wir wahrgenommen haben, spricht eher dafür, dass man nicht will, als dass man nicht kann, denn warum hat man sonst den Besucherhügel dort errichtet, wo TRANSRAPID die volle Geschwindigkeit nicht fahren kann?

Merkwürdig war auch, dass in dem Moment, wo wir den Betreibern in Lathen eben die Fragen hinsichtlich der Akzeptanz stellten, mit denen wir von Herrn Jablonski nach Lathen verwiesen worden waren, wieder an die MPG zurückverwiesen wurden. Die Scheu, Verantwortung übernehmen zu müssen, war offensichtlich, und ebenso offensichtlich war auch die Diskussionsstrategie unseres "Betreuers", sich nicht auf grundsätzliche Diskussionen über Sinn und Unsinn dieses Projekts einzulassen. Auf Fragen nach der der angespannten Finanzfrage des Bundes und der ständigen Kürzung von Steuermitteln in anderen Bereichen ging er nicht ein, stattdessen betonte er immer wieder die politische Entscheidung für TRANSRAPID.

Wir hoffen, dass Sie unsere Beobachtungen an geeigneter Stelle verwerten können, und wären dankbar, wenn Sie uns weiterhin über den Fortgang in dieser Sache informieren würden.

Mit freundlichem Gruß, BI Escheburg

(12) Der Wortlaut des Antrags von CDU/CSU 2003 im Deutschen Bundestag (Fortsetzung)

Worten sollten jetzt endlich Taten folgen.

Die Bundesregierung hatte am 2. März 1994 mit ihrer Entscheidung für den Bau der Referenzstrecke zwischen Hamburg und Berlin einen verkehrspolitisch zukunftsweisenden Weg eingeschlagen. Die innovativen Vorteile des Verkehrsträgers Transrapid können besonders sinnvoll im Fernverkehr zur Wirkung kommen und die Sinnhaftigkeit und Effizienz einer Anwendungsstrecke überzeugend zwischen diesen beiden dynamisch wachsenden Ballungszentren nachgewiesen werden. Dieser Zukunftsweg ist allerdings mit der Entscheidung der rot-grünen Regierungskoalition gegen die Referenzstrecke zwischen Berlin und Hamburg verlassen worden.

Das Transrapid-Projekt auf der Verbindung Berlin-Hamburg ist technisch machbar und kann wirtschaftlich betrieben werden. Auf dieser Relation kann Fernverkehr im Nahverkehrstakt angeboten sowie gegebenenfalls eine Anbindung des Flughafens Schönefeld als künftiges Drehkreuz des Ostens an zwei Ballungszentren erreicht werden. Mit der Magnetschwebebahnverbindung in dieser Relation wird eine leistungsfähige und umweltfreundliche Verbindung zur Bewältigung des Verkehrswachstums geschaffen. Es wäre eine Kernstrecke für eine spätere Fortführung als Eurorapid.

An die bis Februar 2000 erfolgte Planung kann sofort wieder angeknüpft werden – einer zügigen Realisierung steht nichts entgegen. Dieses Projekt hat über die Anwendungsstrecke hinaus Bedeutung als ein weltweit wirkendes Signal für die Durchsetzungsfähigkeit der deutschen Politik und für die Leistungsfähigkeit der Industrie in Deutschland. Dabei ist es für die Exportchancen deutscher Technologie von maßgeblicher Bedeutung, dass eine in Deutschland entwickelte vorzügliche, weltweit bislang einzigartige Technologie auch im Ursprungsland selbst angewendet wird. Die Anwendung dieser innovativen Technologie dient dem Ansehen und der Sicherung des Industriestandortes Deutschland und ist deshalb ein wichtiges Zukunftsthema für unser Land und unsere Arbeitsplätze. Insbesondere in den Bundesländern Schleswig-Holstein, Mecklenburg-Vorpommern, Brandenburg und Berlin wird die Transrapid-Verbindung Berlin–Hamburg erhebliche positive Effekte auf dem Arbeitsmarkt wirken.

(13) Fischer will die Strecke „zu Olympia“ einweihen (Fortsetzung)

Bürgermeister Ole von Beust (47) kündigte an, dass sich der Senat am kommenden Dienstag mit dem Transrapid befassen werde. Er hoffe auf eine Verwirklichung des Projekts.

Während ein Sprecher des Bundesverkehrsministeriums gestern zu den bereits früher verworfenen Plänen für eine Referenzstrecke Hamburg-Berlin sagte: „Das ist für uns kein Thema., äußerte sich die Parlamentarische Staatssekretärin im Bundesverkehrsministerium, die Hamburger Bundestagsabgeordnete Angelika Mertens (50, SPD) grundsätzlich positiv: „Das Projekt könnte allerdings nur realisiert werden, wenn die Wirtschaft bereit wäre, die finanziellen Risiken mitzutragen.“ Außerdem müsse eine neue Kosten-Nutzen-Analyse erstellt werden.

Mertens hält es für problematisch, wenn der Transrapid neben der Autobahn und der Bahn der dritte Verkehrsträger wäre. „Schließlich soll die neue Bahntrasse Ende 2004 fertig sein. Dann wird die Fahrt nur noch 90 Minuten dauern, “ sagte sie. Wenn aber eine Analyse ergebe, dass der Transrapid dennoch sinnvoll sei, würde sie die neuen Planungen begrüßen.

Fischer argumentiert hingegen, dass die Bahntrasse gar nicht teuer ausgebaut werden müsse. „Trotz aller Ankündigungen ist bisher kaum etwas gebaut worden“, so Fischer. So müssten noch 52 Bahnübergänge untertunnelt werden. Fischer: „Diese gewaltigen Kosten können gespart werden, wenn wir uns jetzt für den Transrapid entscheiden.“ Mertens bestätigte zwar Schwierigkeiten bei der Finanzierung der Unterführungen, betonte aber, dass diese weitgehend überwunden seien. „Bahnchef Mehdorn hat gerade erst bestätigt, dass der neue ICE im Dezember 2004 seinen Betrieb aufnehmen wird.“

Fischer hält vielmehr die Einweihung des Transrapid im Jahr 2010 oder 2011 für möglich. Rechtzeitig zu Olympia könnten die Fahrgäste in 53 Minuten von Berlin nach Hamburg reisen. Da man auf die alten Planungen zurückgreifen könne, würden die Planungskosten noch 100 Millionen Euro betragen. Baubeginn könne 2007 sein. Nicht nur bei vielen Hamburgern aus Politik, Wirtschaft und Gesellschaft, sondern auch in Berlin wächst die Zustimmung zur Wiederaufnahme der Planungen. CDU- und FDP-Fraktion im Berliner Abgeordnetenhaus unterstützen das Projekt.

Personenregister

Fotonachweise

Privatarchiv Kuhlwein: S. 39, 50, 53, 61, 64, 68, 77, 81, 91, 96, 112
Landtag Schleswig-Holstein: S. 11, 14, 50, 66, 68
Bundespresseamt: S. 10, 17, 18, 26, 27, 37, 42, 46, 46, 49, 56, 60, 71, 129
Hamburgische Bürgerschaft: S. 32, 33, 56,
SPD-Archiv: S. 20, 39, 46, 58, 69
MPG: S. 21, 130, 131, 134

Über den Autor:

Eckart Kuhlwein ist 1938 in Schleswig geboren. Er machte 1956 in Nürnberg Abitur und studierte in München und Würzburg Volkswirtschaft und Geschichte mit Diplom als Volkswirt. Er arbeitete zehn Jahre als Journalist und Redakteur. 1965 trat er in die SPD ein, war Gemeindevertreter in Großhansdorf (Kreis Stormarn), 1971-1976 Mitglied des schleswig-holsteinischen Landtags, von 1976 bis 1998 Mitglied des Bundestages in Bonn. Dort war er gegen Ende der Regierung von Helmut Schmidt Parlamentarischer Staatssekretär im Bundesbildungsministerium, später Vorsitzender des Bildungsausschusses und Mitglied des Haushaltsausschusses.

Heute beschäftigt sich Kuhlwein mit der Insel Zypern, nimmt Einfluss auf die Umweltpolitik der SPD in Schleswig-Holstein und als Vorstandsmitglied der deutschen NaturFreunde auf die Umwelt- und Naturschutzpolitik in Deutschland. Nebenbei schreibt er Bücher über ein Bundestagskabarett („Die 6. Fraktion – Bonn 1999), die Geschichte der SPD in Schleswig-Holstein („Links, dickschädelig und frei“ – Hamburg 2010) und über die Kriegs- und Nachkriegserlebnisse seiner Schulklasse („Generation Abi 56“ – Hamburg 2011).

Den vorliegenden Bericht über den Transrapid hat er aus seinen eigenen gesammelten Unterlagen zusammengestellt. Für ihn ist er ein Beispiel für sinnlose Großprojekte, die gelegentlich durch neue politische Erkenntnisse und den Aufstand der Betroffenen gestoppt werden können.